润 爱 教 育

——幼儿园家园共育的探索与实践

高文春　主编

吉林人民出版社

图书在版编目（CIP）数据

润爱教育：幼儿园家园共育的探索与实践/高文春主编. -- 长春：吉林人民出版社，2019.11
ISBN 978-7-206-16499-6

Ⅰ.①润… Ⅱ.①高… Ⅲ.①幼儿园—家长工作(教育) Ⅳ.①G616

中国版本图书馆CIP数据核字（2019）第260026号

润爱教育：幼儿园家园共育的探索与实践
RUN AI JIAOYU: YOUERYUAN JIA YUAN GONG YU DE TANSUO YU SHIJIAN

主　　编：高文春
责任编辑：郭　威
助理编辑：王　静
封面设计：书鼎文化
吉林人民出版社出版 发行（长春市人民大街7548号 邮政编码：130022）
印　　刷：廊坊市海涛印刷有限公司
开　　本：787mm×1092mm　　　1/16
印　　张：14.75　　　　　　　　字　数：250千字
标准书号：ISBN 978-7-206-16499-6
版　　次：2019年12月第1版　　　印　次：2019年12月第1次印刷
定　　价：58.00元

如发现印装质量问题，影响阅读，请与印刷厂联系调换。

编委会

主　　编　高文春
副主编　王桂芝　赵文淑
　　　　　　高淑青　王泉云
　　　　　　史丽婷　刘　霞
　　　　　　王玉杰　朱彦蓉

我们因爱而成长

(代序)

我们幼儿园的又一本书要出版了,在这里,我还想说几句话。

在这个开放、多彩的时代,出书已经不是一件高不可攀的事情了。我为我的老师们自豪。也许我们的老师们没有深厚的教育素养,也许他们没有优美流畅的文笔,但真情、实在、接地气、充满人情味的观察与叙述,或许能补足这些缺陷。没有谁能够一挥而就写成巨著,没有谁一开始写作就如行云流水般自如。我们的文字,是老师们一个脚印一个脚印的积累,字里行间都渗透着对幼儿教育工作的挚爱。作为校长,我从来不要求我们的老师成为作家,我觉得,我们的老师能够利用写书这种手段,来多接触一些先进的教育理念,多学习一些先进的教学理论,多积累一些第一手的教育资料,多写一些教育教学反思,在思考中实践,在实践中实现自我成长,这就足够了。这种形式的读书和写"书"比单纯地为了出版而写书更有价值,因为它使我们的老师实现了一种自我的超越与成长。

几年过去了,幼儿园里的小树苗已经长成了大树,幼儿园的孩子从几百增加到了千余,年年扩班,年年一桌难求。我们的教学著作也由一本到出版了多本,成为系列了。一路走来,没有浮华,我们是用心走着我们认为对的路。老师们读的书已经不能再用千本来计数了,老师们积累的资料、写的稿件不止有几人高了。更让人欣慰的是,我们的书不只是写出来的,更是做出来的。家园共育的探索和实践,从发现到发展,从探索到成熟,都是幼儿园老师们一步一步做出来的。书中已经介绍了这种历程:一开始,我们的老师觉得教育应该让家长参与进来,于是就向家长发出了一个倡议,后来,从一个班到一个级部,到全园都组织这种亲子活动。后来我们有了成熟的经验,我们编著了校本教材,我们也想让自己的实践完成到理论的升华。现在，家园共育已经成为教育的一种常态，成为幼儿园教育教学中不可缺少的重要环节。在探索这种教育形式时，我们当地的《寿光日报》作了详细报道，后来我们的经验和做法在潍坊市推广，不但得到了家长的交口称赞，也得到了省内外专家的高度评价。有人问，为什么你们的著作一推出来，就会引起同行们的关注。我说，因为我们有真"料"，我们怎么说就怎么做，怎么做就怎么写。这种文风也是作风，今天我们的幼儿园生员爆满就是最好的证明。

家园共育成为我们幼儿园的一个特色，正是这一特色，成就了我们的孩子、老师和家长。据我们的跟踪调查，第一批入园的孩子现在已经是大二、大三的大学生了。他们有的在名校读书，有的出版了小说集，有的成为了小有名气的艺术人才，每次他们回到这所幼儿园，都说自己成长路上都拓着儿时的脚印，每一次进步都投射着母校的影子，在幼儿园养成的那些好习惯使他们行得正，走得远，更会使他们受益终生。这些年，我们老师的论文发表在《上海教育》《山东教育》等权威刊物上，有些作品被选入一些教育专著，从我们的同事中走出了一批名园长、名教师，活跃在我们当地的幼教战线。这说明，我们的写作是有灵魂的，我们的探索是有价值的，我们的努力是落地有声的。

这本书的初稿有500余页40多万字，由于篇幅所限，我们一再忍痛割爱、压缩到了200多页，我想删去的，未必是不精彩的，但留下的一定是"浓缩的精华"。我们水平有限，但这本书的精华一定能滋润读者成长，因为我坚信，春雨"润物细无声"，它会流进读者的心里，不用担心"麦田"不会在这里疯长，只要我们心中有爱，它就会因爱而葱茏，我们也会因爱而成长。

寿光市实验中学校长　高文春
2019 年 1 月

目 录

第一部分 家园共育——实施与开发

一、实施家园共育的意义 ………………………………………… 3
二、家园共育的目的 ……………………………………………… 4
三、我园家园共育实施的历程回顾 ……………………………… 5
四、我园实施家园共育的保障 …………………………………… 9

第二部分 家园共育——幼儿

一、平等地对待孩子 ……………………………………………… 17
二、孩子自主认知世界 …………………………………………… 23
三、孩子是一面镜子 ……………………………………………… 29
四、阅读启迪童心 书香沁润童年 ……………………………… 32
五、游戏启迪智慧 欢乐创造童年 ……………………………… 48
六、好习惯伴随孩子一生 ………………………………………… 55
七、孩子的社会性发展 …………………………………………… 65
八、个性儿童跟踪发展轨迹 ……………………………………… 72
九、解读孩子 ……………………………………………………… 82
十、亲子游戏——十个一 ………………………………………… 90

第三部分　家园共育——教师

一、家园共育中教师的角色扮演 ………………………………… 119
二、教师在家园共育中所需要的技能 …………………………… 130
三、家访 …………………………………………………………… 146
四、家园双通道 …………………………………………………… 155
五、家园面对面 …………………………………………………… 165
六、家教版面 ……………………………………………………… 171
七、线上互动平台 ………………………………………………… 180
八、半小时亲子活动 ……………………………………………… 188
九、家园双向互动研讨会 ………………………………………… 191
十、家长会 ………………………………………………………… 194

第四部分　家园共育——家长

一、选择适宜的沟通方式 ………………………………………… 199
二、适应家长的需求 ……………………………………………… 204
三、合理利用家长教育资源 ……………………………………… 205
四、家长工作的指导策略 ………………………………………… 215
五、陪伴孩子成长 ………………………………………………… 221

第一部分

家园共育——实施与开发

第一部分　家园共育——实施与开发

一、实施家园共育的意义

我国著名教育家陈鹤琴先生说过:"幼稚教育是一种很复杂的事情,不是家庭一方面可以单独胜任的,也不是幼儿园一方面能单独胜任的,必定要两方共同合作方能得到充分的功效。"《幼儿园教育指导纲要》中也明确指出:"家庭是幼儿园重要的合作伙伴,应本着尊重、平等、合作的原则,争取家长的理解、支持和主动参与,并积极支持、帮助家长提高教育能力。"

当代教育理论和实践已充分表明,和教师、专家、幼教机构以及幼教管理人员一样,父母、家庭和社区已经成为教育系统的一个重要组成部分。家园合作对幼儿的成长和发展具有关键的影响作用,能够促进幼儿最大限度地发展并全面引导他们走向富有个性和创造性的生活。

我园作为山东省省级示范园以及山东省家园共育百所示范园,在家园共育方面已经进行了长时间的、较为深入的探索与实践,并且一直本着"引领家长智慧教养"的家园共育目标,通过不断地探索和尝试,总结经验和不断提高,逐渐形成了具有我园特色的家园共育理念和活动方式,同时我们也在不断学习和丰富,旨在让我们可以更好地做到"引领家长智慧教养"。

 润爱教育 —— 幼儿园家园共育的探索与实践

二、家园共育的目的

家园共育的最终目的就是为了让我们的孩子能够健康、和谐、全面发展。如今我们的社会进入了一个崭新的时期，为教育改革带来了千载难逢的机遇，尤其是家长和社会对幼儿园的日益关注，所以做好家长工作，实现家园共育是我们必须要做好的重要工作。

在家园共育的活动过程中，要请家长自然、自愿地步入幼儿园，参与到幼儿园的教育活动中来，只能通过一系列扎扎实实的工作，使家长慢慢地进入。我们既要从他们身上学习优秀的育儿经验，又要把我们自身具备的学前教育专业知识慢慢传达给家长，使他们自觉自愿地与教师合作，共同教育好孩子。

在专家指导下，结合我们多年的实践经验，我园确定了以家访、家园双通道、家园面对面、家教版面、线上媒体（飞信、微信、微博）、半小时亲子活动、家长会等活动方式来实现我园"引领家长智慧教养"的家园共育目标。

第一部分　家园共育——实施与开发

三、我园家园共育实施的历程回顾

第一阶段　亲子活动萌芽期

2006年初，幼儿园孙晓彦老师带小班，孩子们刚入园，哭闹的比较多，为了缓和孩子的紧张情绪，孙老师突发妙想，在自己班里举行了"亲子活动"，邀请有空的家长到班里，和孩子们一起讲故事、做游戏，收到了很好的效果。孙老师便渐渐固定在每周的周五利用半小时的时间举行了亲子活动，场面活跃，学生与家长的亲子关系也大大改善。这是亲子活动的雏形。

2006年下半年，老师们开始模仿孙老师在班里陆续开展类似的亲子活动。一开始活动形式是比较单一的，一般是折纸、粘贴或者音乐活动，目的以培养孩子在众人面前"放得开"为前提，以技巧性的提高为重点，老师们的选择，也是以呈现性为主，没有更丰富的内容。

第二阶段　幼儿园亲子活动的发展期

2008年以后，亲子活动在我园发展迅速，开始有计划、有步骤进行，并且开始利用教研活动和实践深入探讨，级部开始对亲子活动进行统一规划，形式也

丰富多彩起来，如针对家长溺爱孩子、包办太多的情况开展关于自理能力的系列亲子活动，通过亲子活动，孩子们的穿衣、吃饭等自理能力很快得到了提高；有的班级开展了剪纸活动，从一开始家长认为的"剪刀危险、没有必要"，不愿参加此类活动，到后来家长参与设计、沉醉活动其中，不得不说，亲子活动行之有效，魅力不容小觑。

第三阶段　幼儿园亲子活动的瓶颈期

在这一阶段，幼儿园亲子活动呈现形式多样、百花齐放的状态，无论从形式还是举办频率都达到了一个鼎盛阶段。各班主任根据自己班级的情况制定相应的亲子活动学期计划，计划内容由易到难，层层递进，内容涉及美工、撑绳、拼图、魔尺、阅读、棋类游戏等等，每学期的活动计划以一至两个领域为主要活动内容，时间一般确定在早上，时长半小时。幼儿园的亲子活动发展在这一时期呈现出瓶颈期，老师们按照计划定期开展，但没有太大的突破和创新。

为了解决这一问题，我园邀请山东女子学院的董旭花教授来园对"亲子活动"进行了现场观摩和指导，并开展了教研活动。通过董旭花教授对亲子活动的观摩和剖析，以及会后教师们的反复教研和反思，老师们总结出活动中存在的几个问题：

1. 教师们过分地注重和肯定了教学成果，出现了重数量、轻质量的问题。

2. 教师们存在攀比心理，无形中把这份压力施加给了家长和孩子，把孩子的荣辱得失作为衡量自己业务水平的标准，忽略了家长和孩子的内心感受。

3. 把指标设计成活动，对幼儿进行专项训练，出现了重技能、轻情感、轻交流的问题。

4. 忽视了孩子的个体差异。

5. 举办次数频繁，教研多、备课量大，教师负担过重，疲于应付。

第一部分 家园共育——实施与开发

第四阶段 幼儿园的亲子活动进入成熟和推广期

我园组织骨干教师力量，结合董旭花教授的指导，进行了深刻的自我反思并进行科学规划，决定减少活动次数，延长活动周期，重视亲子间情感的培养，淡化技能训练，提高亲子活动的质量和效益。我们摒弃了闭门造车的教研方式，鼓励老师们走进邻班，走进其他幼儿园去观摩、调研、学习。同时敞开大门，欢迎同行走进来研究和指导，与同行相互观摩、学习，相互取长补短，吸收了一些好的建议和做法。幼儿园的亲子活动真正达到了鼎盛时期，呈现出一班开展、全园受益的良好状态。

学期计划的制定由原来的班级自己制定转变为以级部为单位，共同教研定出适合本级部孩子年龄特点的活动内容，做到把握孩子的最近发展期，符合孩子年龄特点，级部与级部之间层层递进，让孩子在幼儿园三年时间内各方面得到最大化发展。

亲子活动的组织也由原来的以班级为单位发展到以级部为组织单位，重要活动全园师生共同开展、参与。以级部为单位的组织内容有：小班的排球活动、中班的拼图活动和大班的五子棋擂台赛等，让孩子在享受游戏快乐的同时发展他们的思维，培养孩子机智勇敢的品质和谦虚乐观的精神，让孩子在活动中能够正确地面对挫折，养成独立解决问题的习惯。

以全园师生为参与对象的亲子活动形式有"社会大体验——娃娃超市""图书漂流"等，让孩子在体验、实践的过程中感受和领悟活动所隐含的道理和意义。不仅培养了孩子们良好的生活习惯、学习能力、社会交往、语言表达、概括能力、观察能力，也提高了他们解决问题的能力，增进了亲子关系，促进了家园共育。

在这一时期，我们高质量的亲子活动得到了家长们的高度肯定和赞许，从活动后的家长反馈可以看出，家长们对活动所蕴含的教育理念和教育思想的领悟和

把握，家长和孩子的成长，印证了这一活动的效果。

2014年，我们在"潍坊市园长交流大会"上做了展示和交流，立即引起了轰动，我园的这一经验，由此推广到各县市区幼儿园，得到全市同行的肯定和赞许。接下来进行的"幼儿园亲子活动有效性研究"课题获国家"十二五"研究课题立项；"幼儿园亲子活动有效性研究"获寿光市教学优秀成果三等奖。

 第一部分 家园共育——实施与开发

四、我园实施家园共育的保障

(一) 基本原则和要求

在与家长进行沟通交流的过程中,最基本的行为准则和要求,是我园开展家园共育的主要指导思想,他们能指导并规范家园共育实践的具体展开。作为教师,在与家长沟通时应做到以下几点:

1. 尊重信任家长,站在家长的角度思考和安排活动,做到充分理解和尊重家长在活动中的意愿,提高家长参与的积极性。

2. 加强与家长的沟通交流,把握孩子近期在家的各种表现,有针对性地设计和组织活动。

3. 优势互补,充分利用丰富的家长资源,在活动中发挥家长的优势,努力实现"1+1>2"的教育效果。

4. 真诚互动。只有真诚地对待家长,家长才会真诚地对待老师,积极参与幼儿园的各项工作。

5. 灵活适宜,对待不同的家长要采取不同的沟通交流方式。

（二）规章制度建设

无规矩不成方圆。家庭是孩子的第一所人生学校，家长是孩子生命中的第一任老师，家庭的教育理念、家长的一言一行对孩子的成长起着非常重要的作用，但幼儿园的大部分家长都想把教育孩子的责任全部丢给幼儿园，认为教养孩子是幼儿园的事，忽略了家庭中父母对孩子的教育职能。家长的家庭教育理念匮乏，家长没时间管孩子，不愿意管孩子、不会管孩子的现象十分严重，针对这些情况，我们制定了一些目标措施，开展了一些丰富多彩的活动，希望改变这种现状，让孩子们在家园双方的密切配合下，健康发展，快乐成长。

为此，我园创新工作做法，以保证家园共育工作的深入开展。

1. 工作目标及措施

（1）建立与家长联系的多层桥梁，做好幼儿园与家长之间的沟通工作。

（2）通过家园宣传栏，召开家长会、家访、电话联系、亲子活动、观摩半日活动、发放《家园双通道》等多种形式，与家长共同学习幼儿教育理念，切磋育儿经验，了解教育新动态，接受与时代相符的教育思想，培养科学的教养能力。

（3）建立家长资源信息库，发挥家长专长，做好家长的助教及兼职工作。

（4）成立幼儿园家委会，让家长参与幼儿园的管理。

通过家长来园参加助教和义工活动，让家长及时了解幼儿园的教育教学动态，与家长共同探讨班内主题活动的开展，通过助教、亲子小制作、亲子游戏等形式，给予家长一定的实践指导，引导家长积极体验、主动参与，让家长人人参与主题活动的开展。

2. 具体活动安排

（1）2、3月份召开班级家长会、建立家长资源信息库；组建成立幼儿园家长义工、家长志愿者协会；开展有趣的亲子寒假生活评比及优秀作品展览；结合"二月二"组织幼儿园各班的民俗亲子系列活动；全园组织开展"庆三八"母亲节感

第一部分 家园共育——实施与开发

恩系列活动，如"你陪我长大""我陪你变老""唱妈妈、妈妈辛苦了"等；大班级部组织亲子参观小学。

（2）4、5月份完成家园面对面的发放与回收；召开幼儿园家委会工作会议；创建"亲子阅读，书香四月"活动并开展亲子阅读幼儿园系列活动，如全园图书漂流活动、故事表演、阅读明星评选活动、最美书香家庭评选活动等；组织"亲子携手、拥抱春天"幼儿园大型亲子系列活动，具体活动包括：亲子找春天、亲子画春天、亲子唱春天、亲子诵春天、亲子舞春天和亲子尝春天等；举行家长半日开放活动。

（3）6、7月份举行亲子搭建比赛；组织大班级部进行"亲子走进小学活动"；组织"庆六一"系列活动，包括亲子游园活动、我的节日我做主、"六一"亲子文艺汇演等；组织家长进课堂、家长义工系列活动；召开幼儿园家委会学期小结会议；组织大班家长参加幼儿毕业典礼。

3. 家园交流和联系制度

（1）家长委员会每学期召开一次，研究幼儿园与家庭如何取得联系，以及需要解决的问题，由园领导主持。

（2）新生入园前，老师要进行电话家访，了解儿童在家的生活习惯、个性和活动情况，召开分班新生家长会，召开全园新生家长培训会，以减少新生入园时的哭闹现象并引领家长学习教子理念与教育常识。

（3）每学期向家长开放四个半天，两周召开一次半小时亲子活动，请家长来园观摩自己孩子在园的学习、生活情况并参与幼儿的学习生活，教师引领家长逐步掌握家教常识，提高家教技能，同时及时征求家长意见，做好反馈总结和改进。

（4）每学期召开家长会1—2次，邀请专家讲座，向园领导汇报工作，召开分级部家长会、班级家长会、小组家长会，宣传幼儿园的教育思想、改革思路，汇报教育教学情况，培训家长教子理念，帮家长走出误区解决教育问题。

（5）定期通过家园双通道、家园面对面、微信、短信等媒介介绍儿童在园学习情况及生活情况，并要求家长提出意见和建议，以取得联系，互相配合，共同对幼儿进行教育。

（6）各班定期向家长公开周、月、学期目标及主要内容，根据本班幼儿实际

情况撰写或摘抄宣传文章。

（7）幼儿生病，老师要打电话问询或去家里探望；儿童缺勤，老师要去家访或用电话了解，熟悉和掌握幼儿缺勤情况。

（8）每次接送孩子时，教师要有计划地向家长介绍孩子情况，以便更好地取得家长的配合。

（9）设立家长意见箱，征集和整理家长意见和建议。

（10）开设园长接待日，接待需要帮助的家长。

4．家长委员会制度

（1）家长委员会的主要任务：帮助家长了解幼儿园的工作计划和要求，协助本园的工作；协助幼儿园组织交流家庭教育经验。

（2）家长委员会的人选：家长委员会成员应成为幼儿园与幼儿家长相互联系的纽带和桥梁，热心参与幼儿园的教育教学改革，协助幼儿园搞好有关工作，可随时代表家长向幼儿园提出意见、建议和要求。家长委员会的人选在各班推选家长代表的基础上建立，家长委员会的成员应热心、关心幼儿园工作，在教育子女方面能起表率作用，在家长中有一定的威信和影响，有一定的组织能力和活动能力，有一定的业余时间。

5．家长委员会的作用

积极参与幼儿园的民主管理，在促进提高办园质量、提高家庭教育水平和加强家长自身建设上发挥作用。

6．家长委员会的具体工作

（1）定期听取幼儿园对工作计划、工作情况的介绍，学期结束听取本园工作总结汇报。

（2）对幼儿园各项工作提出建设性意见。

（3）广泛听取家长对幼儿园教学工作、教师师德、幼儿园后勤等方面的意见，以便家园教育同步发展。

（4）参与或主持幼儿园的大型活动，参加本园组织的有关教育教学活动，如听、评课，半日开放的方案设计，亲子运动会的筹办等。

（5）为改善幼儿园的办学出谋划策，提供建议。

（6）参加或召开家长会、家长代表会，协助幼儿园举办家长学校或进行家庭

教育讲座。

（7）组织交流和推广家庭教育先进经验。

（8）组织专题学习讨论，对家长在家庭教育中带有共性的问题开展研究，统一思想，提高认识。

（9）开展评选好家长活动，督促家长履行家长义务，提高自身素质，为孩子做出榜样。

（10）商讨社区、家庭、幼儿园教育工作如何配合、协调。

（11）家长委员会成员每年九月略作调整。

7. 家长工作评价制度

（1）对受家长赞扬的老师（有记录）同等条件下评优优先考虑。

（2）家长对教师、保育员服务态度不满的投诉有一例记录一例。经核实，期末累计次数3例以上，学年度考核不得评为优秀等级并取消评优、记功等资格。

（3）上早班教师由于迟到（除特殊情况）造成家长不满每学期累计3次以上，学年度考核不得评为优秀，取消评优资格。

（4）非教职工工作失职产生的意外，班主任也有责任及时汇报领导。应及时请保健教师诊治，及时与家长取得联系。若因隐瞒或未及时与家长联系或未及时处理造成家长不满，幼儿园将对相关教师进行谈话、批评、警告或处分。

（5）由于教师离岗、串岗、闲谈或接电话造成事故，由教师负直接责任，自费探视并负担医药费。

（6）幼儿园定期进行不同形式的调查问卷、电话访谈，个别谈话、实地观察等形式的评价活动，根据家长评价，对教师给予适当的奖励与惩戒。

第二部分

家园共育——幼儿

 第二部分　家园共育——幼儿

一、平等地对待孩子

家园合作的最终目的是要促进幼儿健康、和谐、全面的发展。因此，不管是教师还是家长，都要掌握幼儿的年龄特点，只有这样才能更好地开展家园共育工作。

幼儿作为一个独立发展的个体，具有作为独立的人所享有的基本权益，教师和家长都应尊重并保障幼儿这些基本权益的获得，这也是进行幼儿教育的基础和前提，因此，我园在家园共育的活动中，时刻把教育者应该持有的儿童观、教育观作为活动开展的重点，真正以幼儿为核心实施教育。

（一）给孩子选择的机会

在家庭教育中，常见的现象就是父母会以"教师"的身份、大人的权威命令孩子这样做、不能那样做。其实，让孩子有机会作选择，觉得自己的意见被尊重，往往能收到更好的效果。多给孩子一些自主选择的权利，让孩子对自己的事做主，对培养孩子的责任心很重要。同时，在选择过程中，又能培养孩子克服困难、战胜困难的顽强意志，形成遇事冷静、有主见的良好心理素质。

《幼儿园教育指导纲要》指出，幼儿园应为每个幼儿提供表现自己长处和获得成功的机会，增强其自尊心和自信心。提供自由活动的机会，支持幼儿自

润爱教育——幼儿园家园共育的探索与实践

主地选择计划活动，鼓励他们通过各方面的努力解决问题，不轻易放弃，克服困难的尝试。为幼儿的探究活动创造宽松的环境，让每个幼儿都有机会参与尝试，支持、鼓励他们大胆提出问题，发表不同意见，学会尊重别人的观点和经验。《3—6岁儿童学习与发展指南》中指出，家庭、幼儿园和社会应共同努力，为幼儿创设温暖、关爱、平等的家庭和集体生活氛围，建立良好的亲子关系，师生关系和同伴关系，让幼儿在积极健康的人际关系中获得安全感和信任感，发展自信和自尊，在良好的社会环境及文化的熏陶中，学会遵守规则，形成基本的认同感和归属感。对幼儿好的行为表现，多给予具体有针对性的肯定和表扬，让幼儿对自己的优点和长处有所认识，并感到满足和自豪，从而转化为积极向上的心态，促进身心健康发展。

幼儿教师应根据幼儿发展的需要，制定切实可行的教育目标来保障幼儿自主选择的权利。教师应该充分地尊重、信任和激励幼儿，进一步确立以幼儿为主体的思想，千方百计调动幼儿的学习积极性，鼓励幼儿自主发展。每个孩子都是有情感、有自尊、有不同个性的人，尊重他们，鼓励他们，爱护他们，孩子们就会觉得学习与生活都是快乐的，真诚地称赞孩子的优点，实事求是地评价孩子的闪光点，对孩子真正做到钟爱和宽容，并肯花时间去了解孩子的特殊要求，不给孩子盲目制定目标，将孩子当作朋友，这样我们才能够走进孩子们的内心世界，达到应有的教育效果。

活动名称： "图书漂流"大型图书借阅活动

活动目的： 实验中学幼儿园第二届读书月"图书漂流活动"又要开始了，图书漂流能够给孩子提供多元化的、优秀和适合孩子阅读的图书，让孩子陶醉其中，激发其思维、想象及创造能力，并激发孩子的阅读兴趣，体验漂流阅读带来的愉悦，培养孩子良好的阅读习惯。让更多的家长和孩子参与阅读，享受阅读的快乐，让阅读走进家庭。

活动时间： 4月27日（周四）下午4：35—4：55

活动地点： 幼儿园院内

活动规则： 幼儿持"图书漂流卡"有序、自主地借阅，每人限借1本

第二部分 家园共育——幼儿

参与人员：全体孩子

还书时间：5月4日早上带回各班，老师会组织孩子自己还书

给家长的温馨提示：

1. 挑选图书时，请家长尊重孩子的决定，让孩子学会自主地进行选择，不要干预过多。

2. 家长要舍得花时间陪孩子阅读，过程中多引导孩子进行观察、想象、推理以及表达。

3. 在享受阅读乐趣的同时，要让孩子学会保护图书，做到不折、不撕、不涂画。

活动总结：

实验中学幼儿园举行了第二届读书月"图书漂流"活动，为了此次活动的顺利开展，幼儿园每个班级为孩子准备了50本精美的绘本并精心制作了图书漂流卡，由家长带领孩子凭图书漂流卡自主选择绘本。活动现场孩子们认真翻阅、挑选自己喜欢的绘本并和家长一起分享自己挑选的绘本，同时也培养了孩子自主选择的能力。

给儿童选择的机会，孩子才会感到自己对生活是有一定控制力的，可以增强儿童的自信心。

幼儿时期，可以让孩子在父母圈定的范围内，选择吃什么、穿什么等，如父母拿来香蕉和桔子，让孩子选择一样，并且只能选择一样，孩子就会知道，自己是有选择权利的，并学习根据自己爱好选择并对选择负责。孩子稍大些，父母不妨把孩子房间的布置交给孩子，怎么装饰自己的房间，怎么玩，都让儿童自己说了算。在经济条件允许的前提下，允许孩子对为自己购买的物品进行选择；在不

造成伤害的前提下,允许孩子坚持自己的观点和行为,并为自己的观点和行为负责。孩子上学以后,也会遇到一些问题。当孩子因此征求父母意见时,父母可以提出建议,允许孩子自己作出决定。

(二) 与孩子平等相处

教育孩子的前提是尊重孩子,智慧的父母善于抓住每一次机会,让自己和孩子处于平等的地位,循循善诱地引导孩子充分表达自己的意愿和想法,帮助孩子成长。

在亲子关系中,沟通是最重要的,而沟通的前提之一是平等。绝大多数父母是愿意与孩子沟通的,绝大多数孩子也愿意与父母交流。但是由于父母与孩子所处的地位不同,与孩子所关心的内容不同,与孩子谈话的方式使孩子难以接受等,形成了父母与孩子沟通的诸多障碍。大多数父母与孩子沟通的时候,是站在自己的立场上,以教训孩子的姿态出现,这让孩子很难产生愉快的感受,沟通也会戛然而止。

有些父母不懂孩子,所以事事都帮他们安排,如果孩子不按自己的要求去做,就会生气、失望,却忘了孩子也是一个独立的个体,应尊重他们自己的选择。

妈妈,我喜欢这张床

早上接孩子时,钰钰妈妈气愤地跟我说:"老师,这孩子真是气死我了,昨天带她去看家具时死活不要我们给她挑的那张床,非要一张圆形的床,你说,谁家里睡觉的床是圆形的,真是不听话,去买衣服时非得要那件难看的运动服,不要我给她选的那件,一点也不听话。"而钰钰在旁边则委屈得直掉眼泪,户外活动时,我问钰钰为什么想要那张床,钰钰说:"有次妈妈被床角磕到膝盖了很疼,我看到那张圆形的床就想,妈妈晚上到床上给我讲故事时就不会磕到膝盖了。"放学后跟钰钰妈妈谈了,她感觉很内疚,觉得伤害了孩子。

第二部分 家园共育——幼儿

一项研究数据表明，中国的孩子对父母的满意程度普遍偏低，这和父母的行为有关。在父母眼里，孩子是没有秘密的，不仅因为血缘关系，还因为他（她）年幼，不懂事。所以，在父母眼里，孩子要求的"自由""权利"都是非常可笑的，然而随着孩子的逐渐长大，孩子主体人格和自我意识的逐渐确立，父母在孩子那里遭遇了"滑铁卢"。父母突然发现，孩子不听话了，孩子有秘密了，孩子达不到自己的期望，甚至对自己的爱和关心也有所抵触了。

这让父母大为不解：孩子为什么越大越不听话，甚至有了叛逆心理？父母之所以遇到这样的窘境，是因为他们与孩子相处中不平等。只有基于平等的爱才是对方乐意接受的，如果没有了平等，爱就变成了一种强求，一种强权。所以在亲子关系中，父母也要遵循这样的原则，不能以爱的名义，让孩子无条件地遵循自己所决定的一切。换句话说，父母不能以爱的名义，忽略孩子的自主权利。

但平等并不意味着父母处处顺从孩子的意愿，让他（她）成为高高在上的"小皇帝""小公主"，形成任性的心理，也不能强行限制和管教，把孩子当作自己的试验品和玩具，完全置于自身控制之下，这样会让孩子产生极强的自卑心理。在不平等的亲子关系中，孩子常常有心理障碍，不利于孩子的成长。最常见的例子是，很多孩子在跟父母玩游戏时非常拘谨，而在与小伙伴游戏时却放得很开。这两种截然不同的表现，透露出的恰恰是平等的力量，只有平等才能让孩子健康成长。

和孩子平等相处，才能让孩子获得成长所需的安全感，父母一定要放下"家长的身段"，在家庭中营造一种平等的氛围，让孩子拥有一定的话语权和自主权。

1. 让孩子自己往前走。婴儿当然喜欢生活在母亲的怀抱里，但是他（她）不能永远这样生活。做家长的，应根据孩子自身的特点和能力，扩大孩子自由活动的空间，如鼓励他（她）自己找朋友玩，让他（她）在这个空间里自己当主人。不能事事包办。有"懒"家长，才会有勤孩子。

2. 让孩子学会安排自己的时间。不少家长以为，孩子还小，不懂得安排自己的活动，完全包办孩子的时间安排，孩子只是去执行，那么孩子的独立性就永远培养不出来了。有一位父亲，他在孩子3岁多的时候，就每天给孩子一段他可

润爱教育 —— 幼儿园家园共育的探索与实践

以自由支配的时间，只要不出危险，孩子可以自己安排做他愿意做的事：玩、看电视、画画、拼图、或者什么也不干……无聊了，他最终还是会主动来找父母，父母就给孩子一些指导性的建议。渐渐地，孩子便学会了安排自己的时间。

3. 创造条件让孩子自己去锻炼。有一位母亲看到5岁的孩子对洗碗感兴趣，就为孩子准备了一个小板凳，对孩子说："我知道你特别爱干活，想自己洗碗，可是水龙头太高，你够不到，妈妈给你准备了小板凳……"孩子兴奋地喊着："谢谢妈妈！"马上就站上小板凳高兴地学着大人的样子去洗碗了。这位母亲的做法值得提倡，让孩子独立做事，要给孩子创造做事的条件，搭一个台阶，让孩子容易做成事，孩子做事的积极性会愈来愈高。

4. 给孩子问题，让他自己找答案。孩子提出问题，成人通常的做法是立刻告诉他答案。这样看起来简单又省事，但这样的孩子长大以后，就不会思考问题，总希望别人能提供现成答案，这直接妨碍了孩子在智力活动中的自主性的发展。家长和幼儿应一起探索，启发孩子自己找答案。

5. 孩子遇到困难，让他自己去解决。家长在孩子遇到困难时，应尽量让孩子力所能及地自己去解决，家长可以适当地提供帮助，这样，可以逐步培养孩子应对困难的能力和意志。

6. 让孩子去创造。创造是自主性的最高层次的表现之一。孩子的创造性不是自然而然产生的，同样需要家长的积极引导和巧妙激发。有一个孩子特别爱玩泥，而且能捏出一些花样来，于是家长主动给孩子买了各种各样的泥塑和橡皮泥，对孩子说："你要玩就好好学、好好捏、好好练，要有新点子。"在家长的鼓励下，孩子充分发挥自己的才智，能轻松捏出栩栩如生、各具特色的人物形象。

第二部分　家园共育——幼儿

二、孩子自主认知世界

（一）给孩子一个自我成长的机会

幼儿在积极、主动地建构着自己的认知世界，他们天生就有求知的欲望，时时刻刻都在用自己的方式去发现和认知世界。幼儿天生就是爱玩的，而且他们的生活就是游戏、游戏就是学习。作为教师和家长，应该提供足够的空间和时间支持他们主动探索，寓教育于一日生活中的各个环节。

生活中一个司空见惯的现象——孩子吃的苹果、橘子、核桃、鸡蛋等，都是父母事先去皮的，为的是孩子吃起来容易，更不会遇到什么危险。可是我们没有意识到，在为孩子提供这些方便的同时，不仅剥夺了孩子亲手实践和成长的机会，而且剥夺了孩子克服困难、获得成功喜悦的权利。

大二班趣事

有一天午睡起床后，孩子们排队准备喝绿豆水，当时我正在聚精会神地整理家长会资料，实在不想被打断，就说"自己盛吧，小心别洒身上就可以"（绿豆水早已凉好呈温水状态，所以不用担心烫到他们）。我在旁边看到孩子们有的颤颤悠悠往杯子里盛，需要好多次才可以把杯子盛满，有的用左手拿勺子右手拿杯子……不合适的地方提醒他们改正，如左手拿杯子，右手拿勺子会更舒服……本来担心绿豆水会洒到地板上,没想到的是,因为孩子们格外小心谨慎,地板保持得很干净。

接下来的几天孩子们的积极性很高,主动排队等待自己盛绿豆水,再不用老师不断地提醒了。

陈鹤琴先生说过:"凡是孩子自己能做的事情应该让孩子自己做,不要代替他。"在家里孩子穿衣叠被、吃饭、洗手甚至是自己接杯水等等都是放手让孩子自己做的好时机。孩子在自己动手的同时小脑筋也在不停地转动,时间长了孩子们的做事速度会提高,小手会越来越灵活,小脑筋也会跟着转得越来越快。

活动内容: 大蒜丰收

活动目标:

开展收获大蒜的活动,让幼儿体验独立劳动的快乐;

让幼儿了解大蒜的种植方法和生长过程;

让幼儿了解大蒜的食用价值——调味、杀菌。

活动准备: 工具、锄头、水

活动过程:

1. **认识大蒜**

(1) 猜谜语:兄弟五六个,围着柱子坐,如果分开了,衣服全撕破。(大蒜)

(2) 给种植的大蒜浇水,让土地湿透,方便幼儿拔出。

2. **熟悉大蒜**

(1) 师:大蒜什么味道?(辣)

讨论:大蒜有什么作用?

教师小结:大蒜可以做调味品,让饭菜的味道更香,大蒜还有一个特殊作用,就是可以杀菌、解毒。

(2) 比大小

师:我们跟好朋友一起来把手中的蒜放到一起,比一比哪个大蒜最大,哪个大蒜最小。

（3）比高矮

师：我们跟好朋友一起来把手中的蒜放到一起，比一比谁的大蒜高，谁的大蒜矮。

活动延伸：

回家把大蒜分享给自己的父母，大家一起来想一想大蒜可以怎么吃？

有一天，轩轩说："老师，咱们班美味厨房有一些大蒜开始发芽了，它为什么发芽呢？它不在水里或土里就能长大长高吗？"带着这样的问题，我首先给孩子们拿了一些发芽的蒜来让他们观察，让他们知道蒜从哪里发芽。有一个小朋友说："我妈妈在家将发芽的蒜放到一个白色的箱子里，然后弄上土，发的芽越来越大，我还吃它长出来的苗苗呢，可好吃了！"于是我和小朋友们说，那我们也去种一种我们发芽的蒜。

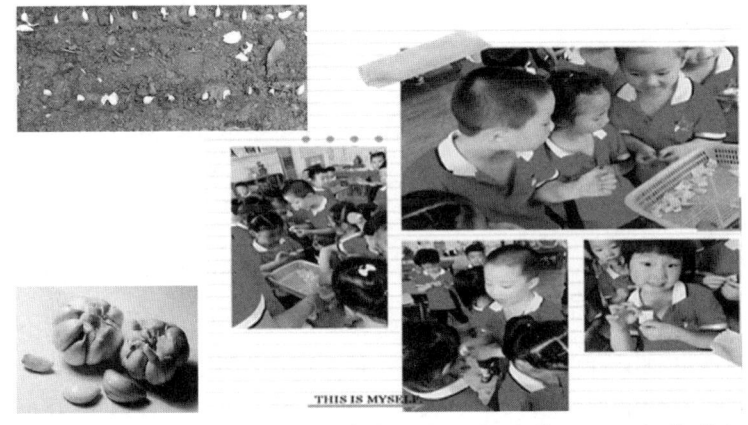

首先我们将发芽的蒜放到土里，等待它发更高的芽。孩子们带着好奇心开始自己的种植旅程，孩子们一人一颗都把自己的小蒜种在土里了，看着一排排的小

蒜，就像刚进幼儿园的小朋友们一样，可爱至极。过了春节，天气暖和了，我们去看种植的小蒜，哇！蒜苗都长高了一小截，嫩绿嫩绿的，好想吃。时间过得真快，蒜苗长到像孩子的小手掌一样长了，小家伙们看到都惊喜万分，凯瑞说："老师，我好想把它吃了。"还有的小家伙说："它下面有没有长小蒜宝宝呢？"我给他们拔了一颗，让他们亲眼看看，丰富孩子们的认知。

2018年5月13日，我们打算看看我们的蒜苗长得怎么样了，小家伙们都好想去看看小蒜宝宝了。我拔了一棵，还不错，有小宝宝了，我给他们每个人都看了看，他们都亲手摸了摸，脸上洋溢着幸福的笑容。我们打算收我们的蒜宝宝，让每个小家伙都体验到劳动的收获，看他们拔蒜宝宝的时候有多高兴！最后每个小朋友都得到一颗蒜宝宝带回家！通过这次活动，每个孩子都体会到了劳动有收获的快乐，而且还因为这种劳动是孩子们自己的选择，自己选择了劳动，有那么多的创新和童趣，真好。

（二）满足孩子的求知欲

幼儿处于知识吸收能力很强、生活技巧成长最快的年龄，在玩耍的过程中，逐渐掌握了方向感、空间和时间，慢慢学会了沟通技巧以及如何与他人相处、如何解决问题等生活技巧。在玩耍的时候，孩子往往能获得意外的收获，这些都能够激发孩子求知的欲望，培养孩子探索世界的浓厚兴趣，而且儿童在玩耍的时候，通过动手、动脚和动脑的协调活动，有利于智力的增长。

（三）在学中玩，在玩中学

有专家指出，儿童在入学前几年间所学的东西，比一生中任何时候都要多，学得也快，且大部分知识是在玩耍中学到的，因此父母不要轻视孩子的玩耍。在玩耍中，孩子是在对大自然进行探索；在玩耍中，培养了孩子对学习的兴趣；在玩耍中，为孩子打开了一扇学习和生活实践的大门。

游戏中学知识

幼儿园里每天都有游戏，最近孩子们玩了一个青蛙跳的游戏，这个游戏可以锻炼孩子的空间方位。我对原始游戏设定进行了改造，把原来一个孩子玩的棋盘变成了可供很多孩子玩耍的大地格。孩子们都喜欢跳，但是我们可不是盲目地让孩子跳，每次跳都有一定的要求，游戏中让一个孩子选择一个出发点，跳5个交叉点，这样孩子可以在大脑中建立最初的线条感。玩了一段时间后，孩子就有点不太关注了，他们在自己跳的过程中愿意做，在同伴跳的时候就不去关注，为此，老师把游戏难度加大，让不跳的孩子认真看，重复刚才孩子跳过的路线，这样的活动，孩子们喜欢，发展了孩子的空间感受力，同时让孩子的注意力更集中了。

大班孩子的数学内容中有一节叫《组成》，我们把青蛙跳的游戏跟数学学习融合在一起。在棋盘的交叉点上摆上1—6的数字，让孩子观察，选择路径去跳，要求跳过的数字（青蛙）数量合起来是6个。这就让孩子认真观察，积极思考，学会先观察再思考，在活动中体验游戏的快乐，做到在玩中学，在学中得到了快乐。

在学中玩，在玩中学

区域活动时间到了，我们开始了角色活动"爱心医院"。孩子们第一次玩这个区域，雨琪说："我想当医生。"舒涵坐在了护士的座位上，婧涵、海宁、炳旭坐在了挂号等待区。

海宁挂的是1号，捂着肚子表情痛苦地坐在挂号区（这时的医生还没开始工作），她不停地喊着："哎哟，疼死我了，医生啊，快给我看看吧。"舒涵赶紧叫："1号，医生快给他看看。"第一次做医生就遇到如此棘手的问题，雨琪显得有点手足无措，不停地问我："陈老师，海宁肚子很疼怎么办？"在我的提示下，她简单地问了几个问题，又给海宁测体温、验血，最后开了点药，海宁离开了。

婧涵挂的是2号，可是她坐在那儿一动不动，也不像海宁那样有表演的天分，雨琪就总用询问的目光看我，这时，刚刚看完病的海宁转了一圈又回来了，坐在挂号区，捂着肚子哭着说："医生啊，我还是肚子疼，我都疼得不行了，快先给我看看吧，你给我的药不管事儿啊。"面对这个哭哭闹闹的"病号"，雨琪不知所措，在等待中的婧涵也偷笑起来，舒涵说："医生，快去找陈老师，问问怎么办？"雨琪慢悠悠地走来："陈老师，王海宁又来了，还是肚子疼。""那怎么办，他也没挂号，后边还有人等着呢。"舒涵也跟过来，说："要不先给他看吧，我和他们商量一下。"说着就去问婧涵和炳旭："能不能让他先看呀，他都疼得不行了。"婧涵和炳旭很热心地点点头。

角色游戏，就是孩子们进行小型的社会体验，这次的活动中我发现：孩子的生活经验对游戏开展非常重要，像医生、护士的责任，病人的状态都是孩子在生活中观察、回忆模仿的过程，只有各尽其责，才能互动，所以生活经验是游戏得以开展的基础。

每个孩子都可以通过自己的想象尽情地体验角色，创造各种情景，并在这种体验中学着去解决遇到的问题，在玩的过程中多方面的能力都得到发展，让孩子们尽情、快乐地体验角色游戏的快乐！

三、孩子是一面镜子

苏霍姆林斯基说:"学校里一切问题都会在家里折射式地反映出来,学校复杂的教育过程中产生的一切困难的根源都可以追溯到家庭。"的确,孩子像一枚棱镜,它折射出了幼儿园老师的管理和家长的素养。

(一) 一个孩子呈现一个家庭

在尹建莉的《好妈妈胜过好老师》这本书中有一句话:"有的人是把孩子养大了,而有的人是把孩子教育大了。"所以说,作为新时代的家长更应该重视孩子的教育问题。家长首先要做的就是提升自身的教育素养,通过书刊、网络等丰富自身的育儿理念,在平时的工作生活中要以身作则,假如你想让孩子养成良好的阅读习惯,那你在孩子面前就要喜欢阅读,即使自己不喜欢也要培养自己的这种好习惯,才能更好地对孩子起到引领作用,反之,孩子写作业而家长看电视,孩子心理必然会不平衡。

把养育孩子的责任推给老师、推给老人,这种教养方式对儿童的损害可能不会立即呈现,在他(她)以后的成长过程中必然会有一些不良影响会点点滴滴地在他的生命中留下痕迹,也会给家长甚至整个家庭带来困扰。所以,为了孩子的健康成长,每位家长都应该做一个真正的教育者。

案例

小泽妈妈是一名老师,平时非常注重对孩子的教育,在班里小泽属于"知识渊博"的孩子,每次提问的问题他都能答得非常好并且还会有自己的看法,想做某件事情时会跟老师商量,我也一直把他当成"小大人"来看,有事也会征求他的意见。我印象最深的是,每次有过生日的小朋友送他礼物,晚上小泽妈妈都会在微信群里晒出孩子拆开礼物的照片,并配以感谢的文字。有小朋友生病请假了,小泽妈妈会鼓励孩子在群里发语音关心小朋友,所以小泽也非常会关心人,跟小朋友们在一起懂得谦让,其他孩子也非常喜欢他。

(二)一群孩子映射一位老师

我们常说,一看这个孩子的做事方式就是某某老师带出来的:有良好的学习和卫生习惯,讲文明,懂礼貌,真好……

孩子是老师的一面镜子,孩子是老师的影子!老师们的性格不尽相同,不同的教育理念、不同的教育风格决定了培养出的孩子也不尽相同。一个孩子有什么样的经历,就会成为什么样的人,父母拥有打开子女生活经历的一把原装钥匙,老师们有一把备用钥匙,他们也能打开或者关闭孩子们的大脑或心灵。所以说,孩子身上折射着老师的管理和修养。

幼儿园无小事,幼儿的事就是大事。在幼儿园里,老师处理幼儿事物的方式方法,决定着活动室里的气氛;老师的情绪,左右着活动室里的氛围,老师拥有巨大的力量;老师如何与孩子沟通,也具有决定性的意义。老师们需要有很高的智慧和技巧,以便有效而人性化地处理生活和学习中孩子随时都会出现的日常冲突和突发事件。给孩子以启迪,巧妙地化解孩子的冲突矛盾,梳理孩子的心情,帮助孩子度过心理矛盾期,点亮孩子的一生。

（三）孩子也是老师

作为一名幼儿园老师，每天无时无刻都在和孩子们"斗智斗勇"，因为你的一言一行时刻影响着孩子。因为你的情绪在感染着孩子。在与孩子们相处的时光里，你会发现，孩子们时时刻刻会给你惊喜。不仅因为你是他的老师，有时他（她）的一句话，一个行为，也会成为你的老师。这就需要老师用一颗心去感受，用一双慧眼去发现。孩子能"教"老师，孩子也能"教"孩子。

案 例

每天中午起床为孩子们整理衣物时，总会发现这位小朋友的扣子对不齐。在交谈中我了解到了他的"苦恼"！

"你的扣子怎么总是对不齐？你现场系一次我们看看问题出在哪里，好吗？"和孩子商量后，孩子爽快答应，并开始现场演示。

"马老师，我看不到最上面的扣子，没法扣好。"孩子一脸无奈地说道！

"那你能看到哪颗扣子？"

"能看到这几颗扣子！"他一一为我指出能看到的扣子。

"哪颗你能对齐？"

"最下面的那颗！噢！老师我知道了，我可以从下面开始系扣子！"孩子兴奋地说道！

发现新方法的他，高兴地用自己独创的方法不厌其烦地练习了很多次，而且每次扣子都能乖乖地找对自己的"家"。我们将这种方法分享给小朋友，班内再也没有出现系错扣子的现象啦！看来，孩子也可以当老师的。

四、阅读启迪童心 书香沁润童年

（一）家园携手营造良好的阅读氛围

阅读启迪童心，书香沁润童年。幼儿园阅读环境是一种语言，是一种传递信息的独特的方式，蕴含着巨大的潜在的教育功能。我们的校园布局合理，大气宽敞，孩子们总是在校园的草地、玩具游戏区、操场玩耍嬉戏，开心快乐地生活游戏着，每每到了傍晚都不愿离开。在这良好的园所环境和氛围的基础上，我们十分重视校园书香文化的创设，克服种种困难，挖掘一切潜力，充分利用好每一寸土地，使每一个角落都能无声地说话，使每一缕空气都浸润着书香。

首先，在我们幼儿园门厅里的宣传栏中，张贴阅读节的倡议书，号召孩子和家长们好读书、读好书。

然后，孩子阅读后用绘画或"口头作文"的方式呈现阅读感受，充分发挥孩子的想象和创造能力，孩子的语言以绘画或"口头作文"的方式安静、典雅地展示在幼儿园的每一个角落，让孩子、家长随时随地都可以自然地进行欣赏和品读，激发孩子、家长对于阅读活动的支持与参与兴趣。

再次，我们还选择了一批比较有教育意义、启迪童心的经典绘本进行院墙的喷绘，在幼儿园的楼道墙上装裱了不同风格的幼儿绘本封面，并列出了推荐书目，帮助家长选择适合孩子阅读的图书，并在橱窗中陈列了孩子们喜欢的图书使孩子和家长们可以随意阅读，自然地接受书香的熏陶。

最后，各班根据自己班级的特点构建了别具特色的班级阅读角，每一个班级的阅读角都不相同，这些阅读角的建立为我们的阅读活动带来了诸多好处：

（1）整合了图书资源，使之得以有效利用。

（2）解决了园所藏书量不能满足全园孩子需求的矛盾。

（3）激发了幼儿的阅读兴趣。

（4）充实了幼儿的生活。

（5）养成了良好的阅读习惯。

班级图书漂流活动每天进行一次，我们把每年的四月定为读书月，会举行全园大型"图书漂流"活动，提供大量书籍满足孩子的阅读需求。

阅读对人成长的影响是巨大的。"腹有诗书气自华"，一本好书往往能改变人的一生。每年4月23日是"世界读书日"，为了倡导幼儿爱读书、勤读书、快乐读书，养成幼儿良好的阅读习惯，我园每年都开展"让阅读滋养心灵"阅读活动。

让"阅读滋养孩子心灵"，让阅读存在于幼儿生活的每一个空间，班级的环境创设也不例外。每天孩子们在活动区里自由地阅读与分享，自主地交流与探讨，自发地感受与品味，使阅读真正成为了孩子们生活中不可或缺的一部分。

1. 阅读活动区创设的目的

（1）营造温馨、安静、明亮的阅读环境，激发幼儿阅读的兴趣。

（2）制定相关阅读习惯要求与图书借阅规则，促使幼儿养成正确阅读、爱护书籍的好习惯；

（3）形成良好的阅读图书制度，营造良好的阅读氛围。

2. 阅读活动区的作用

（1）在区域活动及晨间、餐后活动时供幼儿自由选择进行阅读活动；

（2）每天一次"班级图书漂流"活动中，幼儿选择喜欢的图书借阅回家和爸爸妈妈一起阅读。正如我们自编的一首儿歌："小图书，漂啊漂，漂到小朋友的家，和小朋友爸爸妈妈做朋友。"小朋友和爸爸妈妈们把自己的读书心得写出来与大家分享，展示图书漂流轨迹，分享阅读感受，让更多的家长和幼儿参与到阅读活动中。

（3）随着我们幼儿园对阅读的重视及阅读活动的开展与不断深入，阅读真正成为了孩子们平常生活与学习的一部分。阅读角也更加温馨有序，阅读区的主体

由图书架、图文并茂的墙面、阅读流程、阅读桌组成。老师和孩子一起制定阅读规则，选出"小小图书管理员"，通过这些活动让阅读更有秩序地开展。

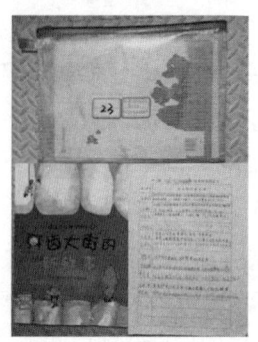

（4）班级都配有图书漂流袋，每周都进行图书漂流，鼓励孩子们将优秀的绘本借回家，和爸爸妈妈一起进行亲子阅读。同时，我们还在绘本漂流袋中放上阅读感受卡，帮助家长和孩子进行阅读，并将自己的阅读感受记录下来，给后面借阅的家长一些提示等，达到相互学习的目的，深受大家的喜爱。

（5）阅读角设置在教室里一个靠窗户、阳光比较充足的位置，让幼儿在地垫上自由阅读，让幼儿有话可说，自由理解绘本。在走廊墙上设置了家园互动的区角"我们一起来阅读"，以提高家长的参与性，让幼儿感受到阅读就在身边。为了让孩子们喜欢并且营造舒适温馨的环境，各班根据班级氛围将阅读环境进行装点来提升阅读氛围帮助营造阅读环境。

（6）舒适开放的阅读环境更能激发孩子的阅读兴趣，丰富的藏书量能够给孩子提供更多的自主选择机会，接触各种类型的经典读本，让孩子们在愉悦的环境中根据自己的意愿进行阅读。

（7）幼儿的语言能力是通过模仿周围的环境而获得的，幼儿早期阅读越来越重要，多多提供符合幼儿年龄特点的图书，供幼儿自主选择，为其提供接触书面

语言的机会，帮助他们感受书面语言的特点，刺激他们对书面语言的敏感性，对进入学龄期后使用正式书面语言打下良好的基础。帮助幼儿理解阅读内容，在环境创设中给幼儿提供自由阅读、家园互动等区角，让幼儿快乐地阅读，逐渐养成爱阅读、会阅读的好习惯。

（8）在阅读中，小班教学我们提倡以老师讲幼儿听为主，中班我们建议孩子以自主阅读为主，大班我们建议幼儿分享阅读，几个孩子一起阅读、相互交流，从而提升孩子的阅读能力。在阅读中，幼儿"感受、体验、想象和创造"，教师引导幼儿观察画面的场景和人物，猜测画面所要表达的意思，从而提高孩子们的各种能力。

书籍，是人类进步的阶梯；书籍，是开启幼儿心灵的钥匙。幼儿园开展了以亲子阅读为主的阅读活动，并在活动中创设家庭的阅读环境，让每个家庭也散发出浓浓书香，让家长和幼儿融入到阅读环境之中，享受亲子阅读带来的快乐！

在这些活动背景下，我园在园所环境和家庭、班级书香环境的营造下进行了尝试和研究，通过各班、各个家庭书香氛围营造的设计和布置，我园内外呈现出浓厚的书香氛围，家长、孩子、老师都深深地沉浸在书墨馨香中。

通过以下多种方式，我园充分地营造了一个充满书香的学习氛围，使家长、孩子、老师的认识和积极性得到了提高。

（1）各班利用家长会，向家长宣传早期阅读的重要性，并发出"让压岁钱更有意义"的倡议书，使孩子认识到用压岁钱来买书，在收获知识的同时会收获更多的快乐，鼓励孩子和家长利用寒假，用孩子的压岁钱买一本有意义、适合孩子年龄特点的绘本图书。

（2）教师向家长推荐一些有意义的图书书目，供家长参考。

（3）教师指导家长如何引导孩子进行阅读和阅读中注意的问题和方法。

（4）各班制定适合本班幼儿的亲子阅读计划。

（二）以丰富多彩的活动为载体为幼儿搭建阅读平台

让幼儿钟情于阅读，把阅读变为幼儿生活的一部分，让幼儿感受到阅读的价值和魅力，除了需要阅读环境和阅读资源的支撑外，幼儿园还通过各种形式的活动让幼儿体验身为阅读者的乐趣和成就感，举办经典绘本故事表演大赛，让孩子成为故事的主角，演绎、再现故事。使幼儿增强心理动力，提高兴趣，继而养成习惯。在我们的阅读活动中，我们精心为孩子、家长、老师搭建了很多的阅读活动平台，例如："故事爸妈进课堂""寻找最美书香家庭""阅读明星"评选活动和"书香伴我快乐成长"微信签到活动，鼓励和带动全体家长、孩子、老师积极地参与到阅读的活动中来，使阅读成为了我们生活中的一部分，如同吃饭、喝水一般自然。

1. 好书推荐

全体家长、孩子将自己喜欢的、阅读过的，富有启迪性、智慧性的图书推荐给其他的孩子和家长，增强阅读互动，深受孩子们的喜爱。

2. 最美书香家庭评选

书香园所、书香家庭都是我们在书香园所创建过程中的重要成果。家庭永远是孩子的第一所学校，孩子们在家庭中是自由的、放松的，待的时间也是最长的，家

庭对于孩子的影响也是深厚的。因此我们鼓励全园的家长积极参与到书香家庭的创建中来，家长们在自家的藏书、自家阅读室的氛围营造，自己家阅读角的布局布置上都进行了认真的思考，在园内活动时，对家中阅读角以照片和文字的形式进行了陈述，并表达了自己创建书香家庭的做法和决心，大家取长补短，共同地参与着各类阅读活动。

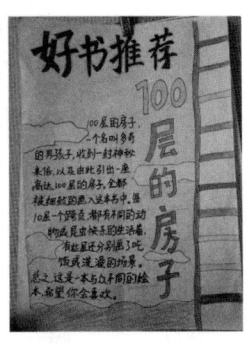

3. 亲子阅读系列活动

鼓励幼儿和家长进行亲子阅读，让幼儿在家庭中也置身于书香与亲密情感中。我园为亲子阅读搭建了更广阔的平台。例如通过幼儿园给家长和孩子推荐和介绍了优秀的读物和科学的理念；通过亲子阅读让家长交流了各自的亲子阅读心得，解决了家长遇到的问题与困惑，在班级活动中我们也给幼儿提供机会，使其交流各自在家中进行的亲子阅读活动；通过全园、班级图书流动的形式给亲子阅读注入新鲜的阅读元素等等。这些都有助于家园共创书香氛围，让幼儿感受阅读价值。

4. 同伴互助阅读活动

各班在阅读角的创设上，为孩子提供了广阔的空间和资源，鼓励孩子们在区角与同伴感受共同阅读、体验分享阅读的快乐，并提倡孩子们之间互相学习、合作阅读，共同探讨和交流自己对同一本书的看法和理解，这种交流中存在的共鸣和争论，势必使孩子对阅读产生进一步的探索和需求，从而让幼儿彼此影响，共同沉浸在阅读的愉悦中。

5. 家长朗读活动

家长是孩子们学习和模仿的榜样，我们在阅读节活动中，鼓励家长一起参与进来，进行朗读古诗、故事、绘本、儿歌等活动，将一个个鲜活的故事、读本表现得淋漓尽致，对孩子何尝不是一种潜移默化的影响和教育。

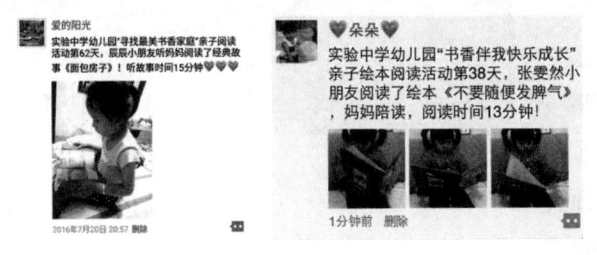

6. 阅读展示活动

幼儿希望自己的才能本领得到展示、获得认可，我们同样为爱读书、会读书的孩子们提供了风采展示机会，家长朗读活动中的亲子阅读表演、班级故事大王和级部故事大王上绘声绘色地讲述、自制图书比赛中作品的制作等等，使孩子们真正地感受与体验到了阅读的快乐和成就感，从而增强了孩子们对阅读的认同感。

7. 全园图书漂流活动

（1）**"书非借不能读也"**。为了让孩子阅读更多的书籍，感受不同形式的借书体验，我们发出全园图书漂流活动倡议。

（2）**布置场地，准备图书**。场地桌子的摆放要便于容纳更多的孩子挑选和阅读图书，面向孩子设置成开放式。图书的摆放要能让孩子们看清书。

第二部分　家园共育——幼儿

（3）领取图书漂流卡。

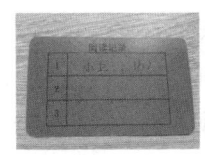

（4）自由挑选图书，借回家。

每个班有两名孩子负责本班级图书的借阅，一名老师负责做好图书漂流记录（在漂流卡的背面记录所借图书的书名和序号）。每人每次只限借阅一本绘本。

活动过程中，负责的两名孩子要主动、积极地向大家介绍班级的图书。

提示家长，尊重孩子的决定，让孩子学会自主地进行选择，不要干预过多。

（5）归还图书。

全园统一归还图书，此过程没有家长的陪伴，是需要孩子们在幼儿园自己完成的，如孩子们要找到自己所借图书的班级，礼貌地还书并取回图书漂流卡。还书的活动对一部分孩子来说会是一项挑战，因为他们需要迈出积极、主动大胆交往的一步。

小班的孩子们也可采用与大班孩子"大手拉小手"的形式进行图书的归还。

（6）**阅读交流会**

家长和孩子们都可以针对自己的感受说一说、写一写本次图书阅读的收获和一些亲子阅读的好的方法进行分享。

（7）**给家长的温馨提示：**

①挑选图书时，家长不要过多干预孩子，真正的抉择权一定由孩子来掌管。

②父母要舍得花时间陪孩子阅读，过程中多引导孩子进行观察、想象、推理以及表达。

③在享受阅读乐趣的同时，也要让孩子学会保护图书，做到不折、不撕、不涂画等。

（8）**亲子阅读活动**

家长是幼儿园重要的合作伙伴，幼儿阅读能力的培养需要教师和家长的共同努力。我园倡导家长参与到孩子的阅读活动中来，调动家长的力量配合幼儿园共同培养孩子的阅读习惯。

为了让家长充分认识早期阅读的重要性，营造书香家庭氛围，各班利用家长会和亲子活动，向家长宣传亲子共读的好处，让书香计划走进每个家庭。要求家长每天选择一个固定时间，选择孩子喜爱的绘本，和孩子共同阅读，养成良好的阅读习惯。

第二部分　家园共育——幼儿

亲子阅读是以阅读为基础，为父母创造与孩子沟通的机会，使孩子的心灵得到更多的关爱，通过阅读，培养亲子关系；通过阅读，父母与子女终身学习，共同成长。

（三）教师引领阅读，提升阅读价值

因为年龄特点，决定幼儿在进行阅读的前期能够做到独立自主是不现实的，所以成人的陪伴阅读是不可或缺的，因此幼儿园引进了"分享阅读"。分享阅读之所以被称为"分享"，就是由于它强调的是"享受"，既是让儿童享受阅读的乐趣，也是让儿童享受到成人的爱，在这种阅读活动中，儿童带着听有趣故事的平常心态和父母、老师一起阅读，它体现的是成人的陪伴和引领。在引导阅读的过程中教师会抓住每本书的关键线索，提出开放性问题，孩子们根据图画线索猜测故事内容，构建自己对故事的想象和理解。

幼儿时期的阅读活动更多的还是图画阅读。分享阅读最大的特点就是图画内容丰富，注重细节向孩子传递一些信息，特别是注意引导孩子观察其中有价值的细节，发挥孩子的想象力。

通过分享阅读活动我们总结出好的阅读流程：

1. 联结与建构。从读图切入，老师提出开放性的问题，孩子根据图画线索猜测故事内容，构建自己对故事的理解。

2. 阅读与反思。孩子们在充分阅读图画之后，教师出示简短的文字，建立

图画与文字的链接，获得书面语言经验。

3. 拓展与创造。不同内容的读本拓展活动也有所不同：可以是续编故事、制作小书；可以是句式仿编；还可以是根据读本的情感价值延伸到家庭、社区，培养孩子的生活能力和行为习惯。

通过分享阅读的开展，孩子们阅读能力和水平有了很大提高，到了大班大部分孩子都能做到猜读故事，学会了独立阅读（读图、说话），他们掌握了阅读技巧，养成了良好的阅读习惯。这种类似游戏的阅读活动深受孩子们喜爱，他们在游戏活动中不知不觉地学会了阅读，喜欢上了阅读，通过对图画的观察和分析发展了思维能力、语言能力和交往能力。

多种多样的阅读形式与活动，使我们的阅读从课堂延伸到了家庭、社区乃至社会，从个人享受与获得延伸到传递关爱，从个人价值延伸到集体价值和社区价值、社会价值，从而真正使阅读改变了我们人生的宽度与深度。

幼儿园亲子阅读活动开展后，书香氛围明显浓厚，亲子阅读的主动性也显著增强。教师在对亲子阅读的指导中也逐步积累了很多宝贵的经验，促进了自身的专业成长。同时，节约了阅读资源，提高了图书利用率，拓宽了家长和幼儿的阅读视野，激发了亲子阅读的积极性，增进了亲子关系，培养了阅读兴趣，养成了良好的阅读习惯。

以绘本、图书为主的阅读活动能为幼儿提供视觉、听觉、触觉等丰富多样的刺激，是幼儿从理解图画符号到语言符号，从口语向书面语言转化的桥梁。而亲子阅读更是开发幼儿多元智能的重要手段，对家长而言，通过亲自参与，能了解自己孩子的阅读能力、思维能力发展的水平。对幼儿来说，家长的参与能激发孩子的兴趣，使孩子得到更多具体化和个别化的指导，从中享受阅读的乐趣。

（四）我园推荐给家长和孩子的图书目录

《入学早知道》

《好妈妈胜过好老师》

《干杯，我们都是不完美父母》

《童年的秘密》

《别以为你懂孩子的心》

《爱和自由》

《最好的教育在路上》

《孩子 把你的手给我》

《曾国藩家书》

《谁拿走了孩子的幸福》

《孩子 你慢慢来》

《窗边的小豆豆》

《卡尔威特的教育》

《最美的教育最简单》

《酷虫学校》

《捕捉儿童敏感期》

《家庭教育》

《教育无痕》

《爱弥儿》

《爱与自由》

《赏识你的孩子》

《傅雷家书》

《遇见孩子 遇见更好的自己》

《解放孩子的潜能》
《习惯决定孩子一生》
《倾听孩子》
《让孩子的大脑自由》
《把话说到孩子心里去》
《为什么爷爷奶奶带不好孩子》
《蹲下来和孩子交流》
《第 56 号教室的奇迹》
《夏山学校》
《小王子》
《谁拿走了孩子的幸福》
《阳光下的成长对话》

（五）我园培养幼儿早教期间阅读的行动架构

A. **早期阅读的培养目标：**

1. 阅读习惯的养成。
2. 阅读技能的提高（读图能力、理解能力等）。
3. 语言能力的发展（想说——敢说——能说——会说）。

B. **阅读形式：**

引——集体教学，教师引导。

学——自主阅读，相互学习。

亲——亲子阅读，价值陪伴。

创——形式创新，多元绽放。

"引"：以分享阅读读本和经典绘本为载体开展集体阅读活动；创建良好的阅读氛围，激发孩子的阅读兴趣；深入开展阅读前的活动教研，提升教师解读绘本的能力；狠抓教师活动中的"有效提问"——开放式提问。

"学"：区域阅读——促进孩子间的相互学习和交流。

缝隙时间——满足孩子的阅读需求。

延伸活动——调动孩子的多种感官参与阅读。

"亲"：引领家长参与，创建良好的家庭阅读氛围，开展亲子阅读。

合理利用家长资源，充分调动家长参与亲子阅读活动的积极性（故事家长进课堂、家长义工等）。

"创"：说故事、唱故事、画故事、演故事。

C. 幼儿园阅读的系列活动：

1. 班级图书漂流

每天孩子们都可以自主选择自己喜欢的绘本带回家与家长进行亲子阅读。

孩子们养成了每天睡前必读书的习惯。

家长在陪伴孩子阅读的过程中丰富了孩子的认知，了解了孩子的进步，增进了亲子关系。

2. 全园大型图书漂流

绘本数量多、种类全、内容丰富，孩子自主选择、独立归还。

3. 阅读明星评选

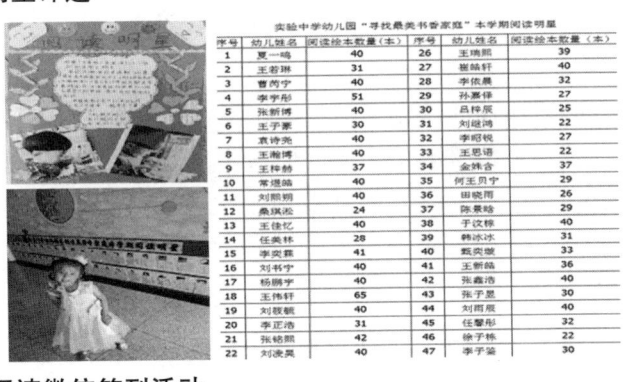

4. 亲子阅读微信签到活动

五、游戏启迪智慧 欢乐创造童年

（一）益智游戏活动

思维游戏对孩子的成长起着举足轻重的作用。老师在沙地上划线，让学生在上面玩游戏，以此让学生集中注意力并锻炼思维。幼儿园大班的孩子也喜欢有挑战的游戏，所以我们的老师挖掘汇编制作了适合大班孩子的游戏。

案例

游戏一　小老鼠和大象的PK

在《小老鼠和大象的PK》游戏中，四只小老鼠是一组，游戏者都有一个共同目标，就是带领着全组小老鼠与大象赛跑，穿过森林。在比赛中，孩子们要发挥自己的判断力，跟伙伴商量应该让哪只小老鼠在比赛中保持领先。当大象越来越近，还有小老鼠掉进地洞里，孩子们应该怎么做。小老鼠为了逃脱，需要互相帮助，所以活动中有团队合作，同时也培养了孩子的社交能力。

游戏二　蔬菜娃娃大比拼

《蔬菜娃娃大比拼》是结合寿光是蔬菜之乡的地域特点设计的，这是一个记忆力训练游戏，有的小朋友跑慢了，就被后面的小朋友追上来拔掉夹子，这就逼着孩子尽可能多地记住蔬菜的位置。另外游戏还有一个功能：哪怕你身上一个夹子也没有，只要你抓住一个成功的机会，即可一跃而过拔去对手所有的夹子，所

以游戏就有意想不到的结局。这个记忆游戏，过程紧张有趣，孩子们很喜欢，玩得很开心。

游戏三　齐心协力

《齐心协力》是一个训练图形快速复制技能的游戏，锻炼手脑协调、空间知觉、细节组合配对能力，还锻炼孩子小肌肉技巧和灵活度。

1. 小组协商，每人负责一种颜色的按钮，合作完成大地格的填充。
2. 小组协商，每人负责一行地格的填充。
3. 每人取不同颜色的三至四个圆钮，依照图例快速完成。
4. 看图例快速记忆，并根据自己记忆的顺序小组合作完成大地格的填充。

游戏的玩法很多，孩子们可以自己协商一个好玩的玩法，这样孩子们百玩不厌。

案例

游戏中关注同伴

益智区投放了新的玩具——小鸡喳喳喳，孩子们很感兴趣，因为这个游戏有一定的规则、玩法，为了让所有的孩子都感兴趣，我通过几次离园前活动和孩子们一起游戏，一周之后，孩子们对这个游戏玩具都了解了，理解了其中的一些玩法，然后我把它投放到区域中，让孩子们在区域中以小组的形式活动。

今天，佳佳、乐乐、铭熙、涵瑜来到了益智区，他们先把蛋形游戏卡牌洗好，把蛋形游戏牌牌面朝上摆放在地上围成一圈。把八角形的卡片放在圆圈中间，牌面朝下摆成4行。四只小鸡（每只小鸡插一根羽毛，颜色要和鸡身一致）放在蛋形卡牌上，相互之间隔五个蛋形卡片。游戏开始了，他们轮流翻牌，几轮下来，涵瑜总是记得最好，小鸡跑得最快，原因是当其他小朋友在翻牌时她注意记卡片的图案和位置，所以每次都是她赢，这样其他的三个孩子有点泄气的感觉，乐乐有点想退出游戏的意思。这时我参与了他们的游戏，我说，我们加入一个新的要求：当其他小朋友在翻牌时，要求你们加上一句话"某某小朋友翻到了出壳小鸡，我看到了，或者某某小朋友翻到刺猬吃鸡蛋，我记住了卡片的位置。"当轮到自己翻牌时，如果你找到你需要的卡片，你们要说："哈哈，刚才某某小朋友翻牌时我记住了，我成功地走了一步"。用这样的方式，孩子们游戏时开始

— 49 —

关注同伴，努力记住同伴翻过的卡片是什么图案，然后运用到自己的计划中。几轮下来，孩子们各有输赢，玩得很快乐。

游戏结束后我和孩子们分享讨论，今天你在游戏中获胜，你用的窍门是什么？乐乐说："别的小朋友在翻卡片时我记住了他的位置，我就成功了。"佳佳说："我需要刺猬吃鸡蛋的卡片，铭熙刚才正好翻到了这张卡片，哈哈，我就用上了。"我说："你们的方法真好！原来在游戏中关注小朋友的行动，就能让自己成功。"

案例分析

本次活动，孩子们在游戏中能集中注意力、关注同伴，有了自己记忆的小方法。我想，游戏中孩子们学到的小方法会迁移到孩子的生活学习中，这样，游戏就发挥了它应有的价值。相信孩子们在以后的游戏中会有更多的发现，发现同伴身上的优点，迁移到自己身上，形成自身的良好思维品质。

区域活动的指导：为了培养孩子的思维能力，培养策划、决策、解决问题的能力，培养逻辑运用能力，同时增强孩子的记忆力、挖掘创造力，我们幼儿园把思维游戏投放到益智区中。

1. 投放材料前，老师要做到集体引领，在孩子们熟悉游戏材料的一些功能和玩法的基础上参与活动。

思维游戏一开始投放到区角时，比起玩具，它的吸引力并不大，如果孩子不会玩，他们只会按照自己的方式玩耍，孩子会出现瞎玩的状态，或者会出现摆弄几下就放弃的行为。但如果老师每天都到区角里去介入指导，其他的区角就会被忽略。所以在投放材料时，老师把游戏玩法用一节集体活动来呈现，如我们让孩子玩《找嘟嘟》这个游戏时，老师根据游戏因素设计了一个好玩的课程，课程是面向全体孩子的，孩子们在活动中了解了游戏的不同玩法。在《找嘟嘟》游戏中，老师把游戏和幼儿园的课程结合起来，用好玩的故事、课件引领孩子观察、分类，学习排除方法，最后能用"嘟嘟是藏在哪"来提问。

2. 投放材料后，老师的个别指导也很重要。

尽管没有成人对游戏的介入，幼儿也能在游戏中自我发展，但是没有成人的介入指导，幼儿的发展还是有区别的。成人的作用就在于能够用教育的眼光来观察孩子的游戏行为，在最适宜的时候推进幼儿的发展。根据游戏性质的不同，老师会选择不同的介入方式，如益智区的游戏，在玩的初期老师交叉介入最有效。

当4个孩子进入益智区玩共性相连，孩子们轮流放棋子，由于孩子们还没有完全把握棋子，观察棋子的能力还不行，往往已经能赢了，但孩子却看不出，所以老师参与了他们的活动，交叉介入指导。因为老师是游戏者，他们能很好地集中注意力和老师玩，在玩游戏时，老师可以故意露出几个"破绽"，让孩子能马上看出来，这样孩子的兴趣点就被调动起来。孩子们玩了一段时间后，老师要发现孩子游戏中需要提升的地方，做到有效地指导。

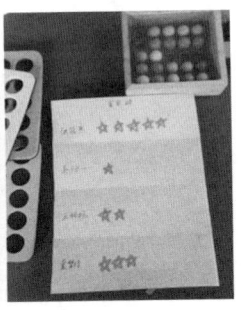

玩共性相连游戏，游戏规则是把同一属性的四子连接起来，为了培养孩子在玩到三子时认真观察，老师设计了一个表格，谁能观察出三子的棋盘状态，就可

以在自己的名字后面画上一个星星,用这样的方式激励孩子注意观察棋盘,让孩子们能静下心来观察,培养孩子的良好观察习惯,用这样的方式让孩子们把游戏玩出价值。同时用记录表记录孩子好的学习策略,如观察力。

3. 要做到集体游戏和区域活动的结合。

游戏中很多的策略、方法,应在集体游戏中指导,在区域活动中使孩子灵活运用这些策略、方法。如《小鸡喳喳》游戏,老师要让孩子学会记忆,能在游戏中关注他人,记住同伴翻的卡片,这样的指导在区域中不能每天都能做到,所以老师可以把游戏卡片放大,可以利用离园前的时间组织孩子们一起玩,把游戏中的策略、方法让孩子通过游戏熟知,让所有的孩子都能很好地运用,在区域游戏中老师就不用太多地介入指导,孩子们自己就能很好地驾驭,和同伴交流、合作、互相学习。

总之,益智游戏的区域活动,老师要做到投放前的共同学习,投放后的步骤调整,只有这样,益智游戏才能发挥它的价值,吸引孩子参与、竞争、合作。

(二) 情境教学

《树叶分类》情境教学

情境教学是抛锚式教学的一种,基础理论是认知理论和建构主义理论,指在教学活动中,教师根据教学目标,从知识经验的实际出发,以提问、游戏等方式激发孩子的求知欲和学习热情,在愉悦的心理氛围中学习知识、发展能力的一种教学方法。

情境教学,使教学活动变得轻松自然,孩子们可以利用已有的生活和学习经验,主动地进入教师预设的教学目标,主动地去解决学习和生活问题。

案例

在设计《树叶分类》这节活动时,我以熊哥哥和熊弟弟捡树叶、玩树叶、捉迷藏的情境导入活动,以一连贯的游戏为依托开展活动。活动中,为了调动孩子们学习的积极性,我们设计了《和小蚂蚁捉迷藏》《树叶在哪儿》的游戏。在《和小蚂蚁捉迷藏》的游戏情境中,小蚂蚁躲到了树叶的下面,孩子们根据熊哥哥、熊弟弟的提问,学习分层次的分类,这种分类方式孩子是主动的,它们把自己投入到故事情境中,积极地调动自己的感官参与游戏。在提问的过程中孩子们开始学习组织语言,有了语言的帮助,孩子们的思路就更清晰。同时我注意到幼儿园孩子的概括水平低,不易掌握事物的核心,提问问题经常抓不住关键信息,所以最开始的环节,老师事先模仿熊哥哥和熊弟弟的提问帮助孩子合理地概括语言,从而为后面的情境发展和孩子们的提问作好铺垫。

在《树叶分类》活动中,根据孩子的已有经验,在帮助熊哥哥、熊弟弟对树叶分类并统计时,我首先出示了8片树叶,让孩子根据自己的角度分成两组,这个过程是让孩子自主去思考、记录,有自己的想法,不依赖于成人的帮助。同时不框定孩子的思维,让孩子从多角度考虑问题,欣赏他们不同的想法,利用这样的方法使孩子们的思维更发散、更活跃。

在《树叶在哪儿》的活动中,老师及时关注孩子的闪光点,对孩子好的表现进行肯定,如表扬孩子:某某小朋友很注意倾听,其他小朋友提问问题时他认真听。让孩子注意倾听老师的问题时,同时关注同伴。所以在树叶分类的活动中,老师不仅要关注孩子是否能正确分类,同时关注孩子在活动中显现出的能力、品质,及时肯定,让所有孩子都学习,形成一种习惯。

(三) 缝隙活动

幼儿园有户外活动、自由自主的区域活动、集体教育活动,这些活动时间比较

长，都有一定的目标和各种各样的组织形式。除了这些活动，幼儿园还有一些零散的时间，是孩子们自由支配的时间，孩子们可以在一起交流、游戏，但一个班三四十个孩子，这个年龄阶段的孩子活泼好动，如果没有老师的引导，全部"放羊"式活动的话，孩子们就混乱得难以控制，如果要求孩子们安安静静坐着，则不利于孩子的发展。

幼儿园每次餐点过后，自由喝水时间前后，孩子的行动速度不同，老师们很难组织统一活动，如果让孩子进入区角，孩子们还没有投入活动就结束了，也不利于孩子良好学习习惯的形成。基于这种情况，老师们挖掘和设计一些日常活动来丰富孩子们的园内生活。我们幼儿园孩子经常玩的魔尺、串珠子、绘本、七巧板、折纸、撑绳、拾果果、走迷宫、各种棋类游戏，以上这些活动器具孩子放到固定区域，当孩子吃完饭后，就可以取来玩耍。

这种缝隙活动，避免了时间的隐形浪费，给了孩子充分的自由、自主，让孩子手中有操作材料，让孩子自己去合作、创新、同伴交流，利用这短短的时间，发挥了很大的价值。

六、好习惯伴随孩子一生

良好的习惯可以成就人们幸福的一生。那么,什么是习惯?习惯是指在长时期里逐渐养成的、一时不容易改变的较为稳定的行为倾向。而良好的习惯有什么呢?从什么时候培养呢?良好的习惯是一种高层次的自觉行为,是一个人心理素质的重要表现,它对保护幼儿的身心健康和良好的意志品质有重大意义,是形成良好个性品质的重要基础,也是幼儿园保教工作的重点之一。

(一)生活习惯篇

幼儿的良好生活习惯是指在幼儿生活方面所表现出比较稳定的心理品质和行为方式,包括良好的卫生习惯、饮食习惯、睡眠起居习惯以及与个人生活有关的行为习惯等。

著名教育家叶圣陶说:"教育就是培养好习惯。"英国哲学家培根说:"习惯是一种顽强而巨大的力量,它可以主宰人生。因此人自幼就应通过教育,去建立一种良好的习惯。"他们的话都道出了养成良好行为习惯的重要性,它是一个人事业成功的前提条件。其实人的各种习惯不是天生的,而是在后天的生活、学习、实践和环境中逐步形成的。众所周知,低龄幼儿正处于走向自我行为的起步阶段,可塑性很大,是培养良好行为习惯的最佳时期。培养幼儿良好的习惯是幼

儿园和家庭的重中之重，比学习知识更重要，我们应该从多方面强化幼儿良好习惯的养成教育，为孩子全面发展和终身发展奠定坚实的基础。因此，对幼儿进行良好行为习惯和生活习惯的培养是当前幼儿教育的重要任务之一，是幼儿品德教育的重点。

我们将孩子的习惯简单分为了行为习惯和生活习惯两大部分。生活习惯又包括了个人卫生习惯、良好的作息习惯、饮食习惯等等。幼儿生活方面的习惯养成在家庭中更为重要。长期以来，幼儿良好行为习惯的培养一直未受到家长足够的重视，是家庭教育中普遍存在的问题。殊不知，早期家庭教育首要的、关键的任务就是培养幼儿良好的习惯，这应是家长最优先考虑的问题。

案例

一诺从入园后让老师们头疼，第一天入园开始自己从没独立做过一件事情，拿水杯喝水、吃饭、洗手都是老师一对一帮助，在班里总是独自坐在一个角落里，无论怎么引导、沟通，他总是自己呆呆地坐在那里，从不和其他孩子游戏。我们有意识地引导一诺认知自己的事情自己做，不会的可以尝试的时候，他总是回我一句："我不会"，我们教他的时候他总是说："我还小啊。"当我第无数次听到这句话的时候，对一诺小朋友进行了家访，了解了孩子在家的一些基本情况。原来，孩子一直是爷爷奶奶带大的，两位老人对孩子太过溺爱，三岁半的一诺在家里吃饭都是一边看电视，爷爷奶奶一边喂饭。吃完饭之后坐在沙发上不跑不闹、静静地看着电视。在和一诺妈妈沟通的时候，一诺妈妈说："看到人家孩子自己什么都会做真好，都是同龄孩子，一诺为什么会这样呢？"

我们从中分析一下这个案例：一诺的情况不仅是一个家庭中的个案，很多家长都认为孩子小、能力差，吃饭、穿衣这些以后学习也不晚。然而在生活中，我们常常会听到孩子的这些请求："我来洗，我来拿，我自己……等等。"但得到的回答往往是："不行，你还小，不会做。"由于家长过度爱护，许多应该孩子自己去做的事，家长习惯包办代替。孩子是家庭中的"心肝宝贝"，在家许多大人围着他们转，哄他们开心，认为只要孩子健康就好，认为穿衣服、吃饭等能力孩子到了一定年龄，自然而然地就会学会。现在孩子小，不必急于让他们自己动手，而且越小越难教，孩子大了，学得也快。因此许多小朋友吃饭要喂，有些爷爷奶

奶为了哄孩子吃饭，要追着喂饭，或边喂饭边让孩子看电视。帮他们解小便，穿脱衣服……大人认为这是义不容辞的事。却不知处处包办代替，幼儿的独立愿望会渐渐消失，养成依赖心理，从而导致发展迟缓。大家都知道，婴儿不到一岁就会抢着抓碗筷，试图自己动手吃饭，尽管弄得满脸都是饭粒，却表明了他们独立的愿望。三四岁的孩子，随着自我意识的萌生，独立的愿望更加强烈，什么都想"我自己"：自己穿衣、自己吃饭，许多事情从不会做到逐渐学会做，总是在反反复复中感受独立做事的快乐，这是一种良好的发展过程。孩子们在"我能做"的过程中，促进了自身独立人格的形成，同时建立自信心。家长过度照顾、包办或经常拒绝孩子"我能做"的想法，不仅使孩子无从感受自己的能力，也会使其失去对成功的体验。

其实，家长要认识到幼儿阶段是各种能力初步发展的时期，家长应抓住时机，耐心细致地培养和训练孩子在各个方面的能力和技能技巧，放手让他们独立完成一些力所能及的任务，给他们一定的自我决策和选择的权力，尊重他们合理的意见和要求，放手给他们尽可能多的自由，不过分限制他们的活动，鼓励他们敢于提出自己的见解。

其实孩子都会自己吃饭，只是家长不想让孩子自己去做，总是担心他会做不好、吃不好，就无形之中剥夺了孩子的好多能力。有的家长还以为这样是爱孩子，殊不知这种所谓的爱其实是在害孩子。

解决策略

1. 家庭成员要统一认识。这样才能使幼儿朝着一个目标去努力，巩固已有的好习惯。家长要和孩子一起商量，一起制定几个方案；当孩子有进步时，给予表扬鼓励。既然有了规则，家长就要有原则并严格执行，绝不能在孩子面前妥协，否则将前功尽弃。一顿饭不吃，说实话饿不着孩子，但有可能让孩子明白一些道理，改掉一些不好的习惯。

2. 从细节出发，在生活中鼓励孩子做些力所能及的事。例如父母回家，鼓励孩子帮忙放拖鞋；吃饭前，鼓励孩子帮忙拿碗筷；在幼儿园做值日等；慢慢地培养起孩子的劳动习惯。

3. 制作表扬表，如孩子一周之中都是自己穿脱衣服或吃饭，就在表扬里打

一个勾，积累到一定的次数，到周末时就可以带他（她）去公园玩一次，以此来保护孩子独立吃饭的积极性。

4. 尽量让孩子自己动手。让孩子自己的事情自己做，不要怕他们做不好，也不能做不好就责备，更不能包办代替。

5. 不要用"贿赂"的方式让孩子吃饭。要培养孩子良好、自律的健康饮食习惯。

6. 对于孩子独立去做的事，只要他们付出了努力，无论结果怎样都要给予认可和赞许，使孩子树立信心。如果从这时开始，父母能因势利导，放手锻炼并从旁支持、鼓励与帮助，孩子的独立性便能得到良好的发展。孩子成长的过程，也是大人成长的过程。有一种爱叫放手——放手给孩子机会、放手给自己机会，相信家长会开心，孩子在操作的过程中也会更开心。

案 例

可可是个内心很敏感的孩子，他有一个很不好的习惯，那就是尿床，几乎每天都尿床，刚开始时我们以为是孩子对新环境不适应，对不熟悉的人或地方不敢表达，但是慢慢地孩子过了入园焦虑期之后，还是每天都尿床，我们和家长做了沟通之后，知道可可在家里也是天天尿床，医生也看过，生理和心理都没有问题。不管是幼儿园里和家里我们都用了很多办法，鼓励、表扬、软硬兼施，并没有见很大的成效。孩子的内心是敏感的，知道自己天天尿床，不等我们说他，自己就觉得心里不舒服，所以我们在和他说话的时候，他都表现出局促不安的样子，在班里基本不说话。于是我们开始观察可可，发现他每次尿床之前都是醒了的，躺在床上就是不起来，后来憋不住就尿床了。在此期间，我们和可可妈妈又进行了沟通，得知可可晚上在家睡觉都是妈妈把尿，已经形成习惯。于是我们对家长提出了要求：当孩子醒了，一定要让孩子自己起来去小便。刚开始可可就是不起来小便，都是老师抱下床，然后自己去小尿桶小便，慢慢地他醒了之后老师就立刻提醒，每当我下午上班之后问可可："今天你尿床了吗?"可可都会大声地说："没有"。言语之中充满了自信。这时我都会及时地肯定可可，并告诉他，如果明天想小便自己说出来就更好了。孩子现在还在慢慢地把这个坏习惯改掉，相信可可一定能做得更好的。

解决策略

培养孩子良好的生活习惯和生活自理能力：

1. 不乱丢垃圾、不随地吐痰。

2. 早晚要刷牙、洗脸；饭前便后要洗手，从外面回家后也要认真洗手；要勤理发、勤剪指甲；要勤洗澡、多洗脚；生吃瓜果要洗净。

3. 不要蒙着头睡觉，蒙头睡会导致被窝里二氧化碳含量增多，会影响正常呼吸和睡眠的质量，导致第二天醒来会觉得没有精神、头痛、头晕、疲乏无力。

4. 不能对着别人打喷嚏和咳嗽，虽然打喷嚏和咳嗽具有清洁呼吸道的作用，但是人在打喷嚏和咳嗽时会传播细菌，如果是病人还可能会传染疾病。

5. 写字画画时不要咬笔头，咬笔头过多会引起孩子铅中毒，另外环保笔的油漆也会导致孩子中毒。

6. 回家以后先换鞋：回家换衣换鞋，可以最大限度地保持室内卫生。

7. 要用鼻子呼吸，鼻子不通气时要告诉父母去医治，长时间用嘴呼吸会导致孩子上门牙突出，而且用嘴呼吸吸入的空气得不到净化，会造成呼吸系统的损害，还会使口腔粘膜干燥、抵抗力下降，容易发生口腔疾病。

孩子的身上有父母的影子，孩子的特点是喜欢模仿大人的行为，成人的良好行为是培养幼儿良好卫生习惯具体、形象而又直观的示范。所以家长要以身作则，自己也要有良好的卫生习惯，在日常生活中处处给孩子做表率。

（二）行为习惯篇

好习惯不仅只有生活习惯，行为习惯更为重要，良好的行为习惯使人终身受益。对于幼儿园的孩子们来说，养成良好的行为习惯是这个阶段教育的重点之一，也是帮助孩子养成好习惯的重要时期。苏联教育家马卡连柯曾经说过："如果在儿童期的早年，不能给予合理的教育，使儿童养成不良的意识和行为习惯，那就会给以后的再教育带来几倍、几十倍的困难。"所以在幼儿时期我

们老师和家长一定要重视孩子行为习惯的培养，良好行为习惯的养成会使孩子受益终身。

案例

周末参加同学聚会，同学带着她家的"乖乖女"出场了。之前她经常跟我们说自家的孩子是如何听话和懂事，但小家伙与我们见面不到五分钟就露馅了，"乖乖女"先是护着自己的零食，别说拿出来和小朋友分享，就是别人动一下，她都要大叫"我的"，别人不听，小家伙就大声哭起来。同学的脸上有些挂不住了，但还是强忍着没有爆发。吃完饭后，孩子们在一起玩水，有个小男孩儿看见"乖乖女"手中的玩具一脸的羡慕，同学便热情地邀请小男孩儿，却发现"乖乖女"把玩具紧紧地抱在怀里，一脸的戒备。男孩儿眼巴巴地盯着我的同学——唉，谁叫同学自己把他请过来的呢？我们大家都围了过来，对两个小孩之间的较量颇感兴趣。于是，同学开始做"乖乖女"的思想工作。谁知"乖乖女"不停地说："不给，这是我的！就是不给。"同学再也忍不住了，生硬地把玩具从"乖乖女"的手中夺过去递给了男孩儿。一时间哭声一片，好不狼狈。同学一脸愤怒地对我们说："唉，让大家见笑了，我家的孩真是不听话。"

案例分析

其实看到这里，我很想说，孩子有什么错？从孩子的身上我们可以肯定的是，平时在家里孩子就是这样的，一群大人哄着一个孩子，孩子喜欢玩的玩具自己玩、喜欢吃的东西大人都不动，一天天造成了孩子"唯我独尊"的习惯，我们大人怎么能让孩子在出去玩的时候表现出"乖乖女"的样子呢！同学是个爱慕虚荣的妈妈，为了维护自己的"面子"当众批评自己的孩子。我们是在养孩子，不是在养面子。她在叫别的孩子来玩儿玩具时，并没有和"乖乖女"商量，也没有征得她的同意，就武断地剥夺了女儿对玩具的支配权，让孩子没有了安全感，激发了孩子的逆反心理，最后还当着那么多人的面渲染她的"过错"。

希望孩子听话、懂事，希望孩子在外面表现乖巧，所有的父母都有这样的私心。但这分明是将成人的标准强加在孩子身上，却忽视了孩子在成长过程中正常的心理需求。

第二部分　家园共育——幼儿

解决策略

案例中的情况我们经常会遇到，那么在平时的教育中如何避免这种情况的发生？孩子的习惯已经养成，我们在以后应该注意哪些方面，如何去纠正这些不好的习惯，让孩子慢慢成长为大家眼中的"乖乖女"呢？有几点建议给大家。

1. 家长如果要去拜会的亲朋好友家中没有小朋友，那么事先可以为孩子准备一些他（她）平时常玩儿的玩具或喜欢看的书籍，大人在聊天寒暄的时候，可以让他（她）自己玩儿一会儿。作为家长一定要有心理准备——孩子会拉着你去玩儿。如果带着孩子出去聚餐，最好是有同龄或者稍大一点儿的孩子一起结伴同行，并让其在目光可触及的范围内玩耍，以保障安全。

2. 如果亲朋好友家也有年龄相近的小朋友，在去之前可以提前给孩子介绍一下新朋友的特点，引起小朋友的关注；并且为了向新朋友表示友好，可以请孩子为新朋友准备一份小礼物。

3. 如果是去长辈家聚会，可能的话，邀约其他亲戚一同前往，也可以增进亲友间的感情。

4. 事先教小朋友社交礼仪。带小朋友外出做客，可以事先跟孩子说说要做哪些，譬如打招呼、回答长辈的问题、吃饭的时候要遵守什么规矩等等。在聚会的场合不要先去强制小朋友做，先让小朋友主动执行，不得已再提醒孩子。

5. 家长在带小朋友外出参加聚会的时候，在社交礼仪方面还需要注意两点：一是不要代替孩子答问题，二是适当鼓励小朋友展现才艺。这样既尊重了孩子，又培养了孩子的自信。在鼓励小朋友表现自己的时候，注意不能过于强迫，甚至责骂小朋友"没用"，小朋友其实都有点儿"人来疯"的特点，家长要掌握好度。

6. 小朋友在去参加聚会或者到别人家里做客的时候，玩儿兴奋了也许会损坏一些东西，这就需要家长处理好类似突发事件，去之前先要提醒小朋友到别人家玩耍要注意什么，一旦有意外情况发生，家长不要急于责怪孩子，而应该先想一想有什么办法补救。这种时候大呼小叫对小朋友和主人都有影响，搞得聚会不欢而散就不好了。

案例

周末去超市，遇见了这样一幕：一个3岁左右的小男孩儿在玩具区看中一辆玩具车，非要自己的妈妈给买，不买就哭着在地上打滚，嘴里喊着："我要，我就要！"妈妈蹲在他身边，无论怎么说孩子也不起来，使劲拉他，哭得更厉害了，妈妈根本抱不起来。妈妈不管他，自己向前走，可是孩子在后面哭声更大了。孩子的哭声引来了很多人围观，小男孩儿的妈妈可能觉得很丢脸，只好回过头拉起孩子说："只买这一次，最后一次买了。"小男孩儿从地上起来拿着玩具车兴高采烈地和妈妈一起走了，我看见小男孩儿妈妈的脸上露出了无可奈何的表情。

喜欢什么就拿什么，是孩子们的一个通病。孩子的要求是永无止境的，相信案例中提到的情况好多家长都遇到过，很多时候都是以家长的妥协而告终。其实，遇到这种情况，家长可以忽略孩子的哭闹，坚持自己的原则立场，就是不买，对孩子进行"冷处理"。如果一味满足孩子的不合理要求，以后只要他（她）想要某种东西或者想要达到某种目的，就还会大声哭闹。一次妥协、两次妥协就会次次妥协，长此以往就会给孩子养成这种用哭闹解决问题的习惯。

解决策略

我们可以怎么避免这个不好的习惯呢？出现这种情况我们可以怎么解决呢？

1. 家人和孩子去超市，决定给孩子买或者不买某种东西时，家里所有人态度必须保持一致。

2. 带孩子出门之前，家长可以和孩子约法三章，比如说事先告诉孩子："这次去超市，你只能选择自己最喜欢的两件东西购买。"并规定不能超出多少钱。孩子答应后，家长可以按照约定好的事项来帮助孩子选择商品进行购买。不能说"这次可以超出一个""这次可以再买上一个"或"最后买一次"等这样的话。如果这样说了，时间长了以后孩子会认为家长说话不算数，对家长不信任。

3. 如果孩子哭闹，要对孩子进行"冷处理"，不能对孩子的哭闹让步，否则就是对孩子的纵容。

4. 家长不要自己骗自己，不能用"最后只买这一次，下次不能这样了"等话语来对孩子讲，更不能一味地满足孩子的不合理要求，该拒绝、该坚持原则的时候家长一定要做到。

21天养成一个好习惯，坏习惯一学就会。坚持对的事情，长此以往，孩子会在我们的坚持中养成良好的习惯。培养孩子良好习惯并不能一蹴而就，我们要遵循孩子的发展规律，在这里有几点建议给大家：

1. **逐步要求，循序渐进**

根据幼儿的年龄特点及实际能力提出要求，而且要考虑幼儿现阶段整体发展水平，提出的要求要逐步提高，循序渐进。对于刚入园不久的幼儿，老师只需要让幼儿掌握简单的一日生活规则。比如，集体活动的时候，安静坐好，不随意离开座位等。过一段时间后再提出关于社会行为的要求，比如，见到老师要问好，得到别人的帮助要说谢谢等。

2. **不断肯定，积极鼓励**

幼儿的有意注意时间短，在活动中有的孩子注意力很容易分散，老师要多鼓励和表扬注意力集中的孩子，在肯定他们表现的同时，引导其他孩子养成认真听讲的好习惯。鼓励好习惯的同时，帮助注意力容易分散的孩子矫正不良的行为和学习习惯。

3. **丰富游戏，寓教于乐**

游戏是幼儿最容易接受的学习方式，将良好行为习惯的培养，以游戏的形式渗透于幼儿的一日生活中，让幼儿在游戏中感受和体会好习惯带来的好处，真正达到寓教于乐。同时也便于老师在观察幼儿活动时，及时发现问题，及时帮助幼儿纠正和解决。

4. **时时处处，以身作则**

幼儿时期的孩子好奇、好动、好模仿，因此，家长和老师在日常生活中一定要时时处处规范自己的言行，为孩子树立一个好榜样。例如：我们常常教育孩子站有站相，坐有坐样，但是我们成人常常会不自觉地翘起二郎腿，这些孩子们都会看在眼里。幼儿最喜欢模仿的还有老师，老师的一言一行对孩子们都有影响，所以作为教师的我们更要严格规范自己的言行，如古人所言："言教不如身教。""其身正，不令而行；其身不正，虽令不从。"所以教师应规范自己的言行举止，

为幼儿起表率作用。

　　总之,幼儿良好行为习惯的培养是一件任重而道远的事情,需要我们坚持不懈地努力。不但老师要以身作则,同时也要求家长为孩子树立榜样,家园要求一致,形成合力,共同帮助孩子养成良好的行为习惯,使之终身受益。

七、孩子的社会性发展

（一）幼儿社会性发展的概念

幼儿社会性发展是指幼儿不断学习社会或群体的规范，从而使自己逐步具备作为这一社会或群体成员所必须的知识、技能、态度、情感和行为。《3—6岁儿童学习与发展指南》中指出，幼儿社会领域学习与发展的实质在于社会化，即社会性不断发展并奠定健康个性的基础。人际交往和社会适应性是幼儿社会学习的主要内容，也是其社会和个性发展的基本途径。

（二）我国《幼儿园指导纲要》中的幼儿社会性发展目标

1. 能主动地参与各项活动，有自信心。
2. 乐意与人交往，学习互助、合作和分享，有同情心。
3. 理解并遵守日常生活中基本的社会行为规则。
4. 能努力做好力所能及的事，不怕困难，有初步的责任感。
5. 爱父母长辈、老师和同伴，爱集体、爱家乡、爱祖国。

（三）幼儿在社会性发展中存在的问题及解决策略

1. 幼儿自我意识的发展

幼儿自我意识的发展表现为自我认识和自我的情感体验，自我控制与调节，自我管理。

三岁左右的孩子，自我独立意识开始萌发，这种意识表现在喜欢动手，尝试做没有做过的事情，并乐此不疲。在行为上表现为别人干的事情自己也想干，如果被取代了，会坚持恢复原样并重新做一遍，面对成人的要求经常说"不"，有的孩子还会表现得很任性。

案例

雨桐是个特别爱美的孩子，每天早晨雨桐妈妈来到幼儿园都会抱怨一通："让她气死啦，非得在家挑衣服，这样不行，那样不行……"最后，雨桐妈妈拗不过孩子，让孩子穿自己喜欢的衣服来到了幼儿园。

解决策略

雨桐妈妈刚好顺应了这个时期孩子对独立性的要求。孩子强烈地意识到"我"的存在性和"我"的意愿，在心理上想要独立于父母，自己做事情，希望父母和身边的长辈接纳自己"我长大了"并且"我很能干"的"现实"。在和雨桐妈妈交流过后，孩子的妈妈了解了这个年龄段孩子行为发展的特点，在家里尽可能地满足孩子自主的要求，也利用孩子的这个特点，鼓励孩子在家做力所能及的事情。

2. 幼儿同伴之间交往的发展

幼儿交往能力在不同年龄阶段是不一样的，主要表现在行为方式上。

小班的幼儿刚从家庭小圈子中走出来，同伴之间的交往能力很差，尽管在幼

儿园有那么多的小伙伴，但是他们不会友好地交往。有的幼儿在家独自惯了，不愿意或不善于与同伴交往；有的在家霸道惯了，常常在交往中与同伴发生冲突或伤害同伴。因此，有意识地培养新入园幼儿与同伴友好交往的能力，为他们创设友好交往的环境，是小班教师的主要工作之一。

幼儿间经常发生冲突，其原因一般是因交往不当或意见不协调的认知冲突而引发的行为冲突。教师应该引导幼儿在一次次争执与探讨中，使他们学会理解他人的观点、处境和需要，懂得要站在他人的角度去思考问题，并促进孩子之间的交往能力和独立解决问题能力的提高。

案例

靖宜是我们班前不久刚转来的小朋友，开始时，孩子们还都很喜欢和她在一起玩，可是后来发生的一连串事情让小朋友们渐渐开始不喜欢与她交往。

有一次，孩子们都在很高兴地做游戏，这时传来一个不和谐的声音，只听成成说："烦死啦！"并顺势把胳膊一甩。成成看到老师在看他，于是很不高兴地说："老师，孙靖宜她总是亲我，总是亲我！"老师对成成说："她是喜欢你啊！"悦悦说："不是的，老师，孙靖宜她总是这样，小朋友都不喜欢和她玩了。"这时的靖宜很无辜地看着我，不知所措。

解决策略

（1）老师把靖宜单独叫到一旁问她到底是怎么回事。她说看小朋友玩得很开心，她很想加入。或许是因为不知如何与小朋友相处交往，才会出现刚开始的那一幕。我问靖宜："想玩应该怎么办？怎么说大家就会接受你呢？……"经过一番引导，靖宜鼓足了勇气，主动去和大家商量要重新加入到游戏中。

（2）让孩子明白并不是所有人的想法都和自己一样，并不是所有的小朋友都喜欢亲昵的动作，让孩子懂得大家一起玩时，要和小朋友和谐相处，这样才不会导致矛盾的出现，才是正确的交往。

（3）对幼儿进行以下教育：如何与同伴交往，好朋友应该如何正确相处、如何与同伴合作、怎样为他人着想等等。帮助幼儿正确地建立同伴关系，为他们长大建立良好的人际关系，快速地融入社会打下基础。

(4) 教育孩子与小朋友发生矛盾时，不与之争吵，与小朋友沟通要讲究方法和技巧。

3. 家长在幼儿交往中的作用

《幼儿园指导纲要》中指出，应引导幼儿参加各种集体活动，体验与教师、同伴等共同生活的乐趣，帮助他们正确认识自己和他人，养成对他人、社会亲近、合作的态度，学习初步的人际交往技能。

案例

在一次与宝贝聊天时，圣哲告诉我："老师，我妈妈说了，谁打我，我就打他！"我震惊了，平时交流中和气的圣哲妈妈竟然这样教育孩子。离园时我开玩笑似的跟圣哲妈妈转达了这件事，她很吃惊地看着我说："难道不应该这样吗？！"

离园时，我主动告诉浩晨奶奶，孩子今天与孙一鸣小朋友玩耍，孙一鸣小朋友不小心用指甲划到孩子额头了，但是没有大碍。浩晨奶奶当即看了一下孩子的额头然后告知孩子："你怎么这么不小心？！"语气中既责怪又心疼。不巧的是下一位接孩子的刚好是孙一鸣奶奶，浩晨奶奶立即找到孙一鸣奶奶说："你看你孙子给我们抓的？！"孙一鸣奶奶很不好意思地道了歉，两个孩子又玩到了一起了。

日常工作过程中，在与家长交流时，难免会遇到这样的问题，有些强势的家长就告诉孩子："他打你，你就打他！"还有一些家长会很生气地说："他打你，你为什么不还手？"……当孩子出现攻击性行为时，往往是由于家长早期对孩子社会交往技能的引导出现了问题。有时家长担心孩子吃亏，想让自己的孩子强势一点，不被欺负，不经意地一句话："对，小朋友打你，你就这样打回来！"会直接强化孩子攻击性行为。还有一种孩子，家长过于保护溺爱，对孩子照顾得无微不至，生怕碰着、摔着，紧紧拉着孩子的手，久而久之，孩子越来越缺乏勇气，对于交往就变得不自信，与别人产生隔膜，在团体中找不到归属感，如果不加干预，那么孩子就会把自己封闭起来，导致其适应社会的能力越来越弱，对于成年以后适应社会造成消极的影响。圣哲就属于前者，家长的助力，强化了孩子的攻击性行为。浩晨就属于后者，奶奶的过度保护，以致他胆小不自信。

解决策略

（1）我与圣哲妈妈和浩晨奶奶在晨间接园时单独沟通过，劝导其要理智对待孩子的"吃亏"。

（2）当孩子遇到"吃亏"的事情，不妨先冷静，用正面语言对孩子说："你做得很好，一般小朋友不会像你这么团结友爱。"以安慰孩子为主，孩子听到表扬会很快乐，接下来了解事情的经过，让孩子明白宽以待人的尺度，学会拒绝别人不合理的要求，大声地说"不"。

（3）不要急于批评孩子，让你的"教育"适得其反。要在日常生活中培养孩子交往的自信心。在刚入园的孩子中，孩子不善于交往的很大一部分原因来自于父母。父母担心孩子磕碰，或者父母不愿意外出的家庭，孩子多半在交往上缺乏自信，不懂得如何与人交往。

（4）父母从自身做起，多陪伴孩子在户外玩耍，并教会孩子主动与人打招呼，当孩子有了新伙伴时，及时鼓励孩子："你有了新朋友，你们一定会玩得很开心，明天我们可以邀请他来家里做客……"

4. 规则意识的培养

每个人一出生就生活在社会群体之中，树立公众意识，遵守群体规则，这是一个人最基本的责任与义务。有人认为对孩子建太多的规则，孩子能接受得了吗？俗话说：无规矩不成方圆。成人在尊重孩子个性自由发展的同时，也要给孩子建构规则。比如，用过的东西放回原处，不经过允许不动别人的东西，这都是最基本的公共意识教育。幼儿期的儿童自我控制能力薄弱，自我评价能力较低，主要还是依从成人的评价，在社会化过程中依靠成人的指导学习道德规则。幼儿时期的孩子很难理解为什么一定要按规则做事，这时就要结合实际给孩子说明制定规则的原因。

案例

孙一鸣是个有礼貌的小男孩，每天早晨都会问候老师，其他家长朋友遇到了都会夸奖他"真是个好孩子"。殊不知这只是"表面现象"。在缝隙时间，宝贝总是不遵守班内规则，大喊大叫，甚至与其他小朋友追逐打闹，面对老师的批评

教育，他也能够很快承认错误。但是，两分钟过后，孩子又回归原始状态了。当与家长交流时，孩子妈妈说："老师，你管就行，在家就无法无天了。"孩子奶奶却说："我家一鸣特别懂事，不会这样的！"

在这个家庭中，一鸣作为宝贝孙子深受老人家宠爱，奶奶在家当家，以至于孩子可以肆无忌惮地撒娇，在奶奶的眼中这些都是孩子的优点，淘气只是年龄还小而已。

解决策略

（1）先从表扬孩子的优点和特长入手，让他成为榜样。

（2）随时从不同方面表扬他，并告诉他别的小朋友是会向你学习的哦！渐渐地，孩子开始有意识地收敛自己在缝隙时间的放纵行为，我们及时进行肯定，让孩子慢慢地转变。

（3）因为孩子年龄小，我们制定的规则要简单，易于遵守，如果一下子建立太多的规则，孩子记不住反而不利于遵守。当孩子理解并能很好地遵守规则后，再引导孩子遵守较为复杂的规则。

案 例

大班的孩子都是一些能干的孩子，特别是当班里有一些需要干的活时，孩子们都会争先恐后地一拥而上。但是由于幼儿年龄小，生活经验不足，控制能力差，有时就会出现"越帮越忙"的现象。

有一次晨间活动是玩桌面玩具，到了要收玩具时，有个小朋友不小心把放在桌子上的篮子打翻了，里面的玩具全都倒在了地上，掉的满地都是，其他孩子看见了，便一拥而上抢着帮忙捡玩具，甚至有两个小朋友都钻到了桌子下面，结果可想而知……整理半天也没整理好，于是我问："为什么很多人去帮忙整理的时候，花了很长时间也没有整理好？"孩子们都抢着回答出了各种理由。最后我告诉孩子，有时候干一件事情并不是人越多越好，这也是我们常说的越帮越忙的道理了。然后我给孩子们分了工，小朋友负责把自己周围的玩具捡起来放回篮子，孙嘉彤、宋柯莹负责把篮子送回玩具架，这样一来，孩子们很快又很有序地把玩具收拾好了。

第二部分　家园共育——幼儿

解决策略

（1）教师在活动中应对幼儿间的合作给予及时关注，以提升幼儿合作质量。

（2）教师多对幼儿进行表扬或奖赏，激发幼儿合作的信心。

（3）重视榜样的示范作用，在群体中树立幼儿合作的典范。

（4）在引导幼儿合作学习的过程中，要以能够让幼儿体验到合作乐趣为切入点，多为幼儿提供合作的机会，教给幼儿合作的技能。

（5）在日常与家长沟通过程中，提示家长，游戏是孩子最喜爱的活动，不妨和孩子进行一些孩子喜欢的游戏，以此为契机进行培养合作能力。

八、个性儿童跟踪发展轨迹

（一）分析和了解个性儿童

在谈到孩子的攻击性行为（其他小朋友不和他玩、不满足他的要求、不对他笑）时家长说："你们老师怎么只看到我们打人家，没有看到他们打我们的孩子。"

从这一信息中得到了什么？结合平时的工作经验，分析攻击性行为背后的原因：模仿、无法得到满足、自控能力差；家长互动形式（是否有肢体接触的交流）；家庭成员之间的交流方式（是否起到正面示范）；隔代的教育问题（是否过分地袒护）；对孩子的关注程度（是否只有孩子不听话时才会去关注孩子）；自我价值的实现（是否承担一定的家务）。

家长存在负面的情绪也许不可避免，老师在与家长交流时，前期可以多关注孩子的长处，先得到家长的认可后再根据孩子的情况进行引导。根据得到的信息，孩子到班后，与家长谈话，指出主要问题，简单反馈孩子的信息。

每个孩子的一言一行都是原生家庭的真实写照，孩子身上出现问题的原因更多的来自原生家庭。所以，我要先与家长进行简单地交流，找到孩子攻击性行为的原因所在；家庭成员与孩子都有什么肢体互动？孩子多大开始和小伙伴一起玩的？当发生冲突时您是怎么做的？是否被别人欺负过？平时父母出现问题时，你们是怎么解决的？父母回家后都干些什么？一天能与孩子在一起多久？孩子回家

后都干些什么？有没有自己吃饭？是否承担部分家务？当孩子有要求时，你是怎么做的？（如：你在做饭，他想吃水果）。

与家长交流后，我发现了新情况：我在家也打过他，也说过他："你不要打人！不要打人！"他还是打人——模仿；爸爸妈妈在家会出现开玩笑的打闹——模仿，认为可以和小朋友通过肢体进行互动；妈妈对孩子的要求比较严格——情绪压抑；在小区与小朋友玩出现打人现象时，奶奶很生气，直接拉着走——未进行积极有效的引导。

案 例

1. 美术课

给好朋友画完信后，能够主动来到老师身边讲述画面内容，说的最多的一个时间词是"后天"，前一句和后一句没有联系，自己想到哪里说到哪里，有种"前言不搭后语"的感觉。因刚到这个班，和小朋友还不是很熟悉，当问到："这是写给谁的信"时，他说："不知道。"在老师的提示下，去问了小朋友的名字。

2. 区角——娃娃家

区角时间到了，小朋友陆续地选到了自己的区角进行"工作"。小林吃完水果来到了娃娃家，有个小朋友告诉他："这个区角已经有六个小朋友了，你不能再进来了。"小林对小朋友说的话没有任何反应，继续在那里坐着没有要离开的意思。"你可以选择别的区角呀！"另一个小朋友友情提示道。他才站起来离开娃娃家，走到附近的区角进行新的选择，但视线还是停留在娃娃家那里。当发现有个小朋友离开时，他就快速跑到娃娃家。自己摆弄着手里的玩具，和周边的孩子们没有任何交集地玩着。

3. 搭建区

八个小朋友在搭建区内玩，林和硕挨在一起搭建。硕从林的身边拿走了一块积木，林拿过那块积木，打到了硕的左肩头。等我过去调查情况时，我问："你为什么打他？"林说："这是我的积木，他没有经过我的同意就拿了。"硕略带哭腔地说："明明是在地上的积木怎么就成你的了？"林说："都是他的事，没有经过我的同意就拿走我的积木。"

4. 久违的娃娃家

今天中午林很快地吃完水果，选到了自己喜欢的区角——娃娃家，他脸上有了久违的笑容。这次他没有自己玩，开始与小伙伴进行交流。"我想买一个面包。"林对瀚说道。"好的，面包5元一个。请先付给我5元钱，谢谢。"林说："我没有钱。"说着就去抢瀚手中的收银机。瀚喊道："你不能抢我的钱，你可以来我的店里帮忙，我给你钱。"此时的林，仍然没有放开手中的收银机，继续和瀚拉扯着。周围的小朋友纷纷过来"劝架"。"你们俩怎么了？"琳问道。"他没有钱买面包，就来抢我的收银机。"瀚一边抱着收银机，一边喊道，嘴里不时地发出"嗯嗯"的反抗声。"不经过瀚的同意你是不可以拿瀚的收银台的！""林，你这样我们要打110了。""你再抢收银台你就不能在娃娃家里玩了。"孩子们七嘴八舌地说着。林见大家都不支持他的行为，慢慢地把手松开了。

解决策略

（1）寻找身边的同伴榜样。陪同孩子在区角的旁边观察其他小朋友的言行举止，并引导他判断小朋友行为的好坏以及这样做的后果。

（2）教育孩子和别人分享自己的玩具、小秘密、图书等；想玩别人手中的玩具不能抢，可以和别人商量、交换、轮流玩或者合作等；经常帮助别人、赞美同伴、小声说话、爱笑的小朋友受小朋友的喜欢。

（3）巧借绘本的力量。利用《今天运气怎么这么好？》《一个长上天的大苹果》等绘本故事，结合自己的实际交往经验，和孩子讨论故事中的主人公做了什么样的行为受到了大家的欢迎，应该向主人公学习什么？

（4）换位思考。让所有的小朋友都知道每个人身上都有自己的优势。

（5）当孩子出现不好的行为时，我们应该进行正面的引导，多用肯定的语言，少用否定式的语言。

（6）在引导孩子时我们不仅要告诉孩子应该怎么做，还应该告诉孩子为什么这样做。

第二部分　家园共育——幼儿

（7）父母是孩子的第一任老师，孩子主要是通过模仿来进行学习的，所以我们成人的榜样作用是至关重要的。刚刚你生气的时候乱发脾气、打骂孩子，孩子在与小朋友交往时就会模拟你的这些行为。遇到不开心的、不顺意的事情时就会乱发脾气、打骂小朋友。

（8）让孩子从"知道"到"做到"。让孩子学习一个新技能或者改掉一个坏习惯时，作为父母应该做到两件事：一是给孩子示范并说明原因，让孩子学习去做；二是反复给孩子机会，让孩子在多次重复中真正掌握新技能。

（9）对待孩子犯错不能心急，家长要有足够的耐心，更不能抱怨孩子。孩子掌握新技能必须要反复练习，家长要有这样的心理准备。

案例

某日与林妈妈交流时，林在旁边玩弄着磁性教具，不时地过来问几个问题，"它为什么能够'粘'到黑板上？""它们两个也能够'粘'在一起。"……没等林问完，林妈妈就着急地说："这是幼儿园的东西，不要乱动。我们可以回家玩你的汽车玩具。"

解决策略

（1）如何从孩子的兴趣引发为孩子的探究欲望呢？有一次我对林说："这个磁性教具里面有个磁铁，你去试试我们的教室里还有什么是可以被它吸住的，一会儿我来请教你，好吗？"林带着充满"魔力"的磁性教具，开心地去到处探索，嘴里不时还会说："这个可以吸住，这个怎么吸不住呢？"

（2）保护孩子的好奇心。无论孩子的问题有多么离谱，父母都要认真面对，绝对不能有任何的嘲笑和应付的态度，更不能打击孩子探究的积极性。

（3）如果孩子的问题我们能够回答，就马上认真地给予答复，答复时需要使用和孩子年龄相称的语言。

（4）如果自己也不知道答案，那就坦率承认自己不知道，并告诉孩子会去寻找答案，要说到做到，言而有信，找到答案后要及时告诉孩子，或者是和孩子一起查找答案，教给孩子一些查找答案的方法。"授之以渔"比"授之以鱼"效果更佳。

（5）如果有可能带孩子走进大自然，为孩子提供一些探索工具和材料，让孩

子做实验或者实地观察,通过直接感知、亲身体验和实际操作发现问题答案。

(6) 保持良好的情绪状态,以积极、愉快的情绪影响幼儿。以欣赏的态度对待幼儿,注意发现幼儿的优点,接纳他们的个体差异,不简单与同伴做横向比较。幼儿做错事时要冷静处理,不厉声斥责,更不能打骂。

案 例

与林妈妈的对话

"平时在家都和林玩些什么?"我问道。

林妈妈若有所思地说到:"我在卧室、他在客厅,我们娘俩各自干各自的事情啊!有时我会忙自己的工作,有时我会玩手机,有时候,他拿着书或者剪纸等过来烦我,我不想让他打断我只能让他出去,如果不听我的话我就会把他吼出卧室。"

"平时你会主动和孩子抱抱或者亲亲吗?"我又问道。

"他平时都比较害怕我,偶尔会抱抱我,但一般不会靠近我,更不会亲我啦!"林妈妈说道。

解决策略

在林妈妈与林的相处模式中,我们不难看出林妈妈是个比较强势、不太喜欢亲近孩子的妈妈。平时和林妈妈的交流中,我发现林妈妈不太爱笑、语气比较严肃。

(1) 变强势妈妈为孩子的玩伴。首先应该先和孩子重新建立情感连接,抽空可以多抱抱孩子、亲亲孩子和孩子聊聊开心的事情。其次要做到有价值的陪伴,如陪孩子看书、拼拼图、画画等。

(2) 游戏式育儿。兴趣是孩子最好的老师,从孩子的兴趣出发,与孩子在游戏中交流。如你想陪孩子看书,孩子却趴在玻璃拉门上冲你笑,你该怎么办?我们可以和孩子玩"照镜子"的游戏,或者隔着门亲亲,或者隔着门看书……

(3) 做孩子的"同行者"。如确定每天晚饭后半小时为家庭阅读时间,所有家庭成员都要阅读各自的书籍,这会是一个非常温馨的场景,孩子可以安静地投入阅读,父母也可以享受久违的阅读乐趣,同时也为孩子做了榜样。

(4) 做积极的父母。作为父母我们应该积极地去寻找背后的原因并采取有效

的措施解决问题，而不是一味地责怪孩子为什么会这样做。

（5）父母是孩子最重要的榜样。我们的生活状态、心理状态、观念将最直接地在孩子身上留下烙印。很大可能，他们会成为像我们一样的人，无论你我，无论他们是否愿意。父母希望孩子成为什么样的人，自己首先就要努力成为什么样的人。

案例

你踩到我脚了

吃饭前，孩子们在排队等待取餐。楷在队伍里乱动，不小心踩到了林的脚。林走过来，一脸生气地说："老师，他踩到我的脚了。"老师说："你可以告诉他'你乱动踩到我的脚了'，让他给你道歉。"林走过去拉拉楷的衣服，双手插腰说道："你踩到我的脚了，你得和我说对不起。"楷不好意思地笑着说："对不起！"林略带生气地说："没关系！"老师见状问道："你没有原谅他吗？"林眼睛看着脚说道："下次你看着我的脚，我就原谅你。"楷点点头说："好的。"但林却一直眉头紧锁，迟迟无法释怀。

解决策略

（1）引导孩子用恰当的方式表达情绪，为孩子做出榜样。如生气时不乱发脾气、不迁怒于人。

（2）和孩子一起谈论自己高兴或生气的事情，鼓励孩子与人分享自己的情绪。允许孩子表达自己的情绪，并给予适当的引导。如孩子发脾气时不强行压制，等其平静后告诉他（她）什么行为是可以接受的。

（3）发现孩子不高兴时，主动询问情况，帮助他们化解消极情绪。

（4）经常保持愉快的情绪，不高兴时能较快缓解。当孩子有比较强烈的情绪反应时，能够在成人的提醒下逐渐平静下来。

（5）愿意把自己的情绪告诉亲近的人，一起分享快乐或求得安慰。

案例

今天，林没有选到自己喜欢的区角，就走到我的身边问："老师，你在干什

么呀？""我在帮小朋友做上课的课件。你有什么需要我帮忙的吗？""没有，就是现在我不知道该去哪里玩。"他挠挠脑袋、若有所思地说。"既然别的区角都满了，那就去益智区玩会儿魔尺吧？"我看了看区角内的情况说道。"可是，我不会变魔尺造型怎么办？"他皱起眉头说道。"你觉得我会变的魔尺造型多吗？"我问道。"当然，比我会得多。"他不好意思地笑笑说。"我告诉你一个小秘密，其实我一开始也是像你一样什么造型也不会，后来我让小朋友教我变造型，我努力地尝试去变，结果会变的造型就越来越多了。"我得意洋洋地介绍我学魔尺造型的经验。"你这么聪明，肯定比我学得更快、更多的。"在我的肯定和鼓励下，林拿起魔尺准备要"大干一场"。"马老师，可是没有小朋友肯教我变魔尺。"他又一次苦恼着跑来告诉我。原来，正在认真研究魔尺造型的隋被这个突然到来的"访客"打断了思路，才不肯教林变魔尺。"你为什么要让他教你变魔尺呀？"我问道。"他变得魔尺造型很多、很快。"他不假思索地说道。"那你等隋研究完了，让他知道你对他的赞美吧？或许他就会同意了呢！"我顺着他的话说道。林在隋的旁边默默地等待，直到隋说："终于成功了！"林才开口说道："你可真厉害，又学会了一个魔尺造型，你能教教我吗？"果然，隋爽快地答应教林变魔尺了。

解决策略

（1）经常带孩子接触不同的人际关系，如参加亲戚朋友聚会，多和不熟悉的小朋友玩，使孩子尽快适应新的人际关系。

（2）当孩子"不知所措"时，我们应该根据孩子出现的问题给予正确的引导和鼓励，切记讽刺、催促，打击其自信心。不要让孩子"无所事事"，当孩子不知道该干什么时，我们应该激励他做事情的兴趣，让他尝试选择一个自己从未尝试过的挑战，并给予及时地鼓励和肯定，让其坚持下来。

（3）在与他人交往中，孩子们往往只会关注到自己的需求，而忽略了他人。就像案例中，林只一心想着自己要找隋当老师，却忽略了自己打扰到隋研究魔尺造型。我们应该引导孩子不仅要关注自己的需求，还要关注别人、不随意打断别人，这样别人才更容易接受自己的需求。

（二）善待调皮的孩子

调皮的孩子往往又是聪明的。在教育实践中，教师和家长又往往讨厌调皮的孩子，使许多调皮的孩子失去了成长的机会。教师要有一双善于发现的眼睛，从他们的调皮中发现他们的闪光点，从他们的调皮中发现教育的契机。

案例

我们班里的京京是一个调皮的孩子，常犯一些小错误，能接受老师的批评教育，但不久又会犯同样的小错误。对于他，老师越来越头痛，其他小朋友也越来越排斥，而他自己却越来越不在乎。吃完午饭后，我看见他正要打一个小朋友，我立刻制止，把他拉过来进行说教。他一点儿害怕和后悔的意思都没有，说："是她先……"又来了！平时他总是说别的小朋友不好，自己一点儿错也没有。"把错误推给别人，你再这样，老师就不喜欢你了。"小朋友一看老师说他，也一起说我们都不喜欢你了，他眼圈也红起来。经过调查，原来是别人拿了他的魔尺才打人的。当时我特别后悔用我的偏见判断又是他在找小朋友的事。我相信每个孩子都是优秀的，都有不同的闪光点。即使是表现再差的孩子，也愿意向老师或爸爸妈妈展示自己的优点，期待着来自大人们的认可与肯定。

解决策略

（1）老师多为孩子们创造条件，多给孩子露脸的机会，让他们充分展示自己的长处，让别人了解他们的长处。从而树立起他们的自信心。

（2）在一日活动中多给孩子们表现的机会，使其参加各种活动，让孩子们都

找到自己的长处。如不愿意画画的小于小朋友，平常很细心，自己能安静地玩拼图。平时总爱吃手指的浩宇小朋友衣服穿得又快又好，还很热心，经常地帮助小朋友。总不爱吃饭的冰冰小朋友，在教育教学活动中很认真，学儿歌很快。

（3）不同的孩子有着不同的长处，善于发现孩子的优点，让孩子在自信中成长。面对孩子，竭力发现和放大他们的优点、闪光点，并进行真心地赞扬，引导其成为改掉不良行为的动力，使孩子树立自信心。

（三）走进孩子的心里

语言发育迟缓，不能用正确的方式表达自己，甚至让周围人误以为他很危险——这样的"小馨"也许很多教师都遇到过。那么，面对"小馨"，我们应该怎么做呢？教师要如何走进他的心里，去发现他那与众不同的内心世界呢？

记得在小班幼儿刚入学的那段适应期内，老师们在努力地记住每个孩子，家长们在"假想"着孩子在园的情景，而孩子们则在焦虑、惶恐地寻找着可以依赖的对象。就在这个"混沌"的时期内，一个特殊的孩子在短短的时间内成为了全班的焦点。

案例

小馨抱住一个正在哭的小姐姐的脖子，说："小姐姐不哭，上幼儿园……"小姐姐推开了他，他还要上前抱，小姐姐哭得更厉害了。这时，只见小馨一下把小姐姐推倒在地，不停地说："小姐姐哭，不听话……"

接下来类似的事件不断发生，小馨总是先"拥抱"正在哭泣的小朋友，接着要么把他们推倒在地，要么拽走他们的小椅子，要么就跑到我身边报告："小姐姐（小哥哥）哭。"我们只好调出一个老师专门陪他，防止他再碰倒、伤到其他孩子。从开学第三天起，小馨便拥有了专属的"保镖"，他到哪里，"保镖"就到哪里。

音乐活动中，小馨"逃离"了"保镖"的视线，来到正在播放音乐的

"钢琴"旁,盯着琴键静静地站了一分钟,然后他用手指捣了捣琴键,发现没有声音,就跑开了。接下来的几次音乐活动中,只要看到老师打开琴盖,小馨就手舞足蹈地喊:"唱歌,唱歌……"

洗手间传来求救的声音:"小馨用水喷我们!"我连忙走过去,发现小馨把水龙头拧到了最大,手捂着出水口,水花四溅,他自己的衣服已湿透了,但他好像一点儿都不介意,还一个劲儿地说:"好玩,好玩。"发现老师进来,小馨连忙跑开,溜向女小便池,还把自己的一只鞋脱下来扔进了圆圆的、深深的通水洞里,然后大喊:"老师,鞋……"一边说一边用手指着那个深深的洞口。

解决策略

(1) 俗话说:"看病要刨根。"小馨入园前的生活环境是影响其行为的重要因素。可利用周末,到小馨的家中进行家访,了解了小馨在家的生活细节及其父母的教育方式。

(2) 多与孩子的父母进行沟通,让他们积极配合,给小馨树立好的榜样。

(3) 推荐《好妈妈胜过好老师》等家庭教育经典书籍供孩子父母阅读参考,努力做合格家长,和小馨共成长。

(4) 利用晨间活动、谈话等形式帮助孩子重塑形象。告诉大家:"小馨喜欢你们,他想和大家抱一抱,有礼貌的孩子是不是也应该友好地和小馨抱一下呢?"孩子们纷纷跑到小馨面前,与小馨热情地拥抱。小馨开心地笑了,大眼睛顿时眯成了一条缝,嘴巴咧得非常大,说:"喜欢,抱抱……"

(5) 走进孩子的内心世界是一个漫长而持久的教育实践过程。对孩子一点一滴地教育引导,都要从孩子的内心出发,以促进孩子的健康成长为出发点,因人施教,因环境施教。

(6) 不可戴着有色眼镜、主观臆断地去审视和批判孩子的不良行为,这样也许就扼杀了一个特殊的天真灵魂。一百个孩子,就有一百种语言,如同世界上没有两片完全相同的树叶。我们拿出十分的爱心、耐心、责任心与真心,走进他们的内心世界吧,聆听独属于他们灵魂的声音。

九、解读孩子

作为一名合格的幼儿园老师，每年和孩子一起游戏、生活、学习，要想了解孩子，一定要走进孩子心灵的深处，从孩子的各种行为表现上解读孩子，了解孩子。

（一）读懂孩子的内心

在孩子的世界里，可以说每时每刻、每分每秒都在模仿——模仿父母、模仿同伴、模仿社会、模仿动物世界、模仿大自然。孩子总是在模仿中成长发展、在模仿中活跃思维的。孩子的一对小耳朵，好比一台录音机，孩子的一双小眼睛，好比一台录像机，生活中的点点滴滴孩子都会看在眼里、记在心里，说不定何时就在他们身上上演。

案例

第一节教学活动之后，我带孩子们去盥洗室小便、洗手，等孩子们陆续出来后，我也就跟着孩子们来到了活动室，等孩子们安静坐好后，我突然发现少了一个孩子："伟鹏哪去了？"刚想问问其他孩子或喊叫他名字时，突然听到盥洗室里"哗哗"的流水声，这时我立刻跑向盥洗室，眼前出现了这一幕：盥洗室玻璃上

涂满了肥皂，一旁李伟鹏正在用鞋刷子往上刷呢！他的衣袖和身上都湿了。看到这些我气不打一处来，语气非常强硬地问："你在干什么？看看你把身上都弄湿了。"我一把把他手中的鞋刷拿过来，并把他叫到一边，边换衣服边用埋怨的语气小声嘀咕着："看看让你不听话，玩水，衣服都湿成这样，感冒了怎么办？"当时只顾自己说了没有考虑什么，换完衣服抬头一看，伟鹏居然红眼圈了，好似很委屈地嘟囔着："老师我不是玩水，我是在帮王老师干活。平时王老师打扫卫生很累，我看镜子很脏所以就帮忙了。"听了他的话后我心里酸酸的，好后悔刚才对他的举动和所说的话。一把把他搂在怀里："原来你是个爱帮助人的棒小孩，不过以后要注意千万不要弄湿自己的衣服啊。"

解决策略

（1）其实幼儿园里类似的事经常发生，作为老师不能武断地说孩子做的对或不对，更不能用固有的评价对某个孩子的行为作出评判。

（2）走近孩子了解他们的世界，了解他们内心真实的想法，读懂孩子，了解孩子，成为孩子们喜欢的好老师。

（3）所有的孩子都可爱，如果有的孩子不可爱，那不是孩子的错，错在我们大人！因为我们太容易用大人的心去感受孩子。我们可能还记得儿时的一些趣事，可我们忘记了小孩子到底生活在怎样的一个世界里，是在用怎样的形式表达着自己的喜怒哀乐的！

（4）孩子原本没有什么是非概念，是非概念是后天养成的，可能对也可能错，但是，在对或者错的形成过程中，都是有苗头的，而且孩子们许多错误的冒险，在他们的潜意识当中，都是试探性的。教师和家长都要对孩子的行为有一个正确的判断，带着宽容的态度对待孩子。

（5）感同身受。面对孩子那些讨厌的错误，以孩子的心态去感同身受，看清楚行为背后的东西，这就没有解决不了的难题了。

（二）静待花开

世界上没有相同的两片树叶，同样也没有完全相同的两个孩子。每个孩子都有他独特的性格特点，作为有心的教育者面对不同的孩子要有不同的引导策略。

每个孩子都是一棵花的种子，只不过每个人的花期不同。有的花，一开始就会很灿烂地绽放，有的花需要漫长地等待。不要看着别人怒放了，自己的那棵还没动静就着急，要相信只要是花，都有自己的花期。细心地呵护自己的花，慢慢地看他长大，陪着他沐浴阳光风雨，这何尝不是一种幸福。相信孩子，静待花开。也许你的种子永远不会开花，因为他是参天大树。作为老师，看到每个孩子都在成长和进步，那便是最幸福的事情，小心地守护每个孩子，陪他们经历阳光风雨，静待花开。

案 例

新学期开始了，我满怀期待地迎接每个孩子的到来，班内两个小女生给我留下了深刻的印象：刘子钰和鞠伊一。她们两个都是外冷内热的孩子，表面看来不善言谈，但内心世界却是丰富多彩的，伊一是那种娇娇女，平时习惯了别人对她更多的关注，做起事来有点依赖人，新的幼儿园集体生活让她有点不适应，每天早上入园时都有些不情愿，有时还会掉几颗"金豆子"，做任何事情都希望得到老师更多的关注。平时也会时不时地整出些"动静"引起别人的关注。子钰正好与她相反，无人关注的她会自娱自乐玩得很开心，但当我们的关注点放到她身上时，她会表现得很紧张，不知所措。而且性格有点腼腆古怪的她在班里似乎没有朋友。

解决策略

（1）面对孩子的依赖、不独立问题，建议在以后的家庭生活中从做任何事情

时全程陪伴、到陪一半慢慢过渡到放手让她自己独立地面对一些事情。

（2）在做的过程中多给孩子一些肯定和鼓励。

（3）在幼儿园中我们利用身边的资源，让她照顾小班的弟弟妹妹，让她体验带领哭泣孩子的辛苦，引导她萌生做中班孩子的自豪感。

（4）多给孩子一些关爱和耐心，慢慢走进孩子的内心，让孩子喜欢上家长和老师，然后成为孩子无话不谈的"朋友"。

（5）在一日生活中引导孩子主动找朋友，让性格外向的孩子去感染带动他们。

（三）助推幼儿想象力发展

爱因斯坦说过，想象力比知识更重要，因为知识是有限的，而想象力概括着世界的一切，推动着社会进步，并且是知识进步的源泉。由此可见，对孩子想象力的呵护和培养是非常关键的。

案例

今天晓倩老师来班里试课《小象的心愿》，这是一节语言和社会领域相融合的主题活动，整节活动从"心愿"切入，孩子们展开了自己的想象和讨论，在起初阶段因为画面线索比较简单，在老师的引导下，孩子们的回答都在我们的意料之中，但当出现第三幅图画时，因为他们没有认知缝纫机的前期经验，再加上图画比较卡通，和现实物品有点偏差，所以他们的回答五花八门（有的说像蛋糕、有的说像圣诞老人，还有的说像在打针），似乎想象得有点偏离主题，年轻的晓倩老师有点不知所措。这时我急忙接过来，给孩子们抛出问题：哪个职业的人会用到剪刀和布条呢？接着我用手指指着小熊正在操作的缝纫机，接着就有几个孩子恍然大悟地说，"哦，我知道了，是做衣服的人"，我及时给孩子们鼓励和肯定，是的，你们观察得很仔细，但做衣服的人叫什么，你们知道吗？是裁缝。孩子们一下子明白了，有的孩子滔滔不绝地讨论起来：我奶奶家有缝纫机，我姥姥还用它缝过衣服呢！

解决策略

（1）讲故事是幼儿园经常开展的活动，也是备受孩子们喜欢的活动形式。如果我们在讲述故事的同时，适时向孩子们提问，在他们概念模糊的地方进行有效地追问，这样既会激发孩子更多的想象，给孩子更多观察、联想和口头表达的机会。

（2）掌握提问的时机和技巧是需要推敲和思考的，如何提问具有启发性，层层深入，推动故事情节的发展更需用心设计，可参考相声艺术形式中的"抖包袱"。

（3）调取经验，设疑猜想。比如看故事图画，让孩子观察猜想："故事中发生了什么事情？"或讲到某一页时，停下来请孩子们猜想："接下来会怎么样"等等，有了这样的提问，他们的思维会马上被调动起来。

（4）巧设追问，解决难点。孩子在观察和理解时，教师和家长要抓住图画的关键点，结合追问，帮助孩子找回思维的主线，让孩子结合已有经验进行想象。

（5）培养幼儿良好的观察、爱动脑筋的好习惯，允许孩子有不同的想法和表达。让孩子大胆想象，保护他们探索的兴趣，保护创造性思维。

（6）指导孩子去感知客观世界，使其置身于大自然中，多让他们去看、去听、去模仿、去观察，通过参观、旅游等活动开阔幼儿的视野，积累感性知识，丰富生活经验，增加表象内容，为幼儿的想象增加素材。

（四）放手给孩子交往的机会

案例

锦航是一个挺聪明的小男孩，他从小跟爷爷奶奶在一起生活，老人对孩子照顾得无微不至，从不放手让孩子自己去玩，对孩子百依百顺。孩子父母对孩子的

第二部分 家园共育——幼儿

教育却顾及甚少,特别是爸爸常年在外,对孩子缺乏必要的指导,多方面的因素导致了孩子在心理方面存在明显的问题。

一是心理脆弱。 在幼儿园,小朋友不小心碰了他,就放声大哭;小朋友跟他开玩笑,说爷爷不来接他,他也哭。

二是自理能力差。 老师让小朋友学着穿衣服,他不会就哭;经常会出现两条腿穿在一只裤腿中,两只袜子穿一只脚上,裤子和鞋子穿反的现象也时有发生。

三是不会和小朋友交往。 在幼儿园,和小朋友交往很少,不爱跟大家说话,自己坐一边,不肯参加班里的活动;大家玩玩具,他想玩,却不敢跟大家在一起。

解决策略

(1)做好家长工作,请家长在家多给孩子锻炼的机会,给他自由支配的时间,让他自己能做的事自己做,锻炼孩子基本的生活技能,让孩子多和同龄人在一起,学习必要的交往技能。

(2)为孩子营造宽松和谐的生活氛围,给予必要的心理支持。由于他心理比较脆弱,我在班中,应该多帮助他。孩子们都非常有爱心,经老师一提醒,孩子们都和他一起玩,争做好朋友。

(3)发扬其长处,树立其自信。要善于发现孩子的长处,并善于将孩子的长处发扬光大,平时在组织教育活动时,多给他提供展示自己的机会,鼓励孩子大胆表现,慢慢地,孩子会主动积极地参加活动,因为他的自信心逐渐提高了,参与积极性也增强了。

(4)教师给予个别指导。有的孩子生活技能比较差,在平时老师经常给予个别指导:教他穿衣服,洗手、大小便等,老师更多的耐心和引导会让他的自理能力慢慢强起来。

（五）不午睡的孩子

案例

哲哲是班级里一个很可爱的小男孩，各方面都很出色，就是不睡午觉，我们都知道午睡有利于孩子的健康，怎样对待不午睡的孩子，这也是我们研究的课题。

解决策略

（1）老师家长要坚信午睡的好处。午睡的小朋友动作会变得更加敏捷和准确。午睡不仅可以消除疲劳，还能提高记忆力，防止脑力被过度消耗。小朋友从早上6点半起床，到中午12点整，期间上课活动了5个小时，其他时间是在户外活动，消耗体能较大，人体脑细胞的兴奋一般可以持续4—5个小时，之后便会转入抑制状态。特别是午饭后，消化道的血液供应明显增多，大脑的血液供应明显减少，从而导致随血流进入大脑的氧气和营养物质也相应减少，于是人体的生物钟出现一次睡眠节律，使人产生精神不振、昏昏欲睡的感觉。此时，身体需要进行短时间的调整，午饭后小睡一会儿能够有效补充人体脑力、体力方面的消耗，对于健康是大有裨益的。如果小朋友午睡时可以得到很好的休息，下午上课自然精力充沛。但午睡也不是越长越好，这样既能有效消除疲劳，又不至于睡得过沉而不易醒来。

（2）老师针对午睡的好处，与孩子达成共识。可以和孩子们做一下沟通，比如："午睡可以让小朋友变聪明，午睡可以让你长高个儿，可以让你大脑记忆力好，可以让坏的病毒不敢来找你，让你身体健健康康。"这样具体的好处可以让孩子从心理上认可午睡。

（3）要具体问题具体分析，为什么孩子会睡不着。有的孩子是因为生理原因，有些孩子就是觉少，或者很难入睡，只要一有动静就会睡不着。有的是心理

原因，幼儿从家庭走进幼儿园，他们依恋的父母及亲人，熟悉的家庭环境和以自我为中心的生活习惯一下子消失了，取而代之的是陌生的老师，陌生的小朋友，陌生的幼儿园和陌生的集体生活，这种巨大的变化使他们有一种被抛弃的恐惧感，心里失去平衡，从而感到焦急、不安、不愉快，产生分离焦虑。还有的是晚上睡得过多或者精力特充沛的个别幼儿。

（4）开展快乐的游戏教育活动，帮助幼儿熟悉老师、小朋友、班集体和幼儿园，很好地融入集体。这样孩子能尽快熟悉环境，在幼儿园这个大环境里能有安全感。上午的时候，给宝宝充分的活动时间，当一个人感觉到累的时候，自然也会愿意睡觉，而且睡眠的质量也比较好。

（5）为幼儿创设和谐、愉快的午睡环境，克服幼儿睡前的焦虑心理，如帮孩子如厕、穿脱衣服，讲故事，轻拍孩子等等。在睡觉前老师可以适当放一些轻音乐，音乐可以帮助孩子更好地进入睡眠的状态。

（6）可以走近他，轻轻地拍拍他，提醒他闭上眼睛，当其他孩子睡着了，有老师的关注，他会慢慢进入睡眠状态。

（7）不同的幼儿有不同的生活习惯，幼儿的健康状态应该从个体的生理角度来评判，不能一概而论，只要孩子中午能休息一会儿，不要强求孩子睡不着躺在床上，可以把个别孩子的睡眠时间缩短，让她提前20分钟起床，在活动时帮老师做一些力所能及的事。

十、亲子游戏——十个一

《幼儿教育指南》中指出:"理解幼儿的学习方式和特点——幼儿的学习是以直接经验为基础,在游戏和日常生活中进行的。"我园以《指南》为指导,提出了"十个一"的亲子游戏,目的是为了借助十种甚至是更多种游戏材料,通过孩子们的直接感知、实际操作和亲身体验,来帮助孩子逐步养成积极主动、认真专注、不怕困难、敢于探究和尝试、乐于想象和创造等良好学习品质。同时,借助"半小时亲子活动"让"十个一"走进家家户户,改善亲子关系,促进亲子互动,做到"有价值的陪伴"。

我们的"十个一"分别是:一本书、一张纸、一支笔、一根魔尺、一副七巧板、一张拼图、一副五子棋、一根绳、一双筷子、一个沙包。

1. 一本书

幼儿时期是孩子阅读的黄金期,学习能力快人一步。我园一直致力于打造"精致幼教,书香园所",重视阅读教学是我园的一大特色。早期阅读不仅能丰富孩子的词汇,而且能够提高幼儿的语言表达能力,以及读图能力、前期书写能力、理解能力、想象能力和创造能力。

阅读方式:①观察画面猜读;②根据文字讲故事;③指读;④跟读;⑤从书中找出某个词语;⑥句子接龙;⑦分角色朗读;⑧倒着读……可以和孩子一起制作书中的人物玩偶;可以一起和孩子画出书中的角色,自制绘本;还可以进行故事的续编和仿编……

也可根据孩子不同的特点选择不同的绘本,寻找相适宜的教育契机:

（1）选择情绪管理方面的书籍有助于孩子认识和管理情绪，如《脸，脸，各种各样的脸》，通过脸部的不同表情，孩子就可以判断出开心的脸，伤心的脸或者是愤怒的脸；《我的情绪小怪兽》这本绘本通过不同的颜色、画面和文字描述，形象具体地让孩子认识了情绪小怪兽以及有效的情绪疏导。关于情绪管理方面的书还有《弗洛格生气了》《菲菲生气了》《我变成了一只喷火龙》等。

（2）讲述与人合作的书，可以让孩子们学会与人合作完成某件事情，如《拔萝卜》《月亮的味道》《我是彩虹鱼》等，这些故事里都蕴含着想要完成一个目标，需要与人合作、大家一起齐心协力才能完成这样的道理。

（3）关于习惯的养成书籍，可以帮助孩子养成良好的习惯，如《鳄鱼怕怕，牙医怕怕》讲述了一个不爱护牙齿的鳄鱼，长了蛀牙去看牙医的故事，可以激励孩子养成饭后漱口、早晚刷牙的习惯；《蹦》描述了不同动物蹦的画面，孩子可以通过模仿书中的小动物进行蹦的练习，发展孩子的动作，提高孩子爱运动的好习惯等；关于习惯养成的书还有《细菌大作战》等。

2. 一张纸

撕纸

玩法：可以一张张地撕，也可多张重叠着撕；可以随意撕，可以沿直线撕，也可以撕不同的图形……

能力锻炼：撕纸可以锻炼孩子手的精细动作和提高小手的力量，也可以提高孩子的手眼协调能力和手的控制能力。

剪纸

玩法：可以随意剪纸，可以沿直线"剪面条"，也可以根据需要剪出简单的图形和复杂的事物……

能力锻炼：剪纸可以锻炼孩子手的控制能力和双手的配合能力，也可以锻炼孩子的手眼协调能力。

折纸

玩法：可以随意地团纸，可进行简单的对边折、对角折，也可以看着图解进行复杂事物的折叠……

能力锻炼：折纸可以锻炼孩子手的灵活性和控制能力，也可以提高孩子的观察能力和对图示的理解能力等。

案例

中班级部折纸大赛

（1）级部教研研究方案，向家长发出倡议

"心灵手巧"折纸比赛倡议书

尊敬的家长朋友、可爱的孩子们：

俗话说得好，"心灵则手巧，手巧则心灵"。折纸能够锻炼孩子手指的精细动作，孩子在折叠过程中需要按照顺序进行；在遇到困难时，学会主动寻求帮助；在不断地尝试中培养孩子做事一丝不苟、坚持到底的优良品质。

孩子在折纸过程中学会观察、独立思考，锻炼手的协调性，提高孩子的动手操作能力和注意力。为此我们向家长朋友发出倡议，把折纸活动延伸到家庭中，让我们全家总动员，小手折起来，锻炼孩子手指的灵活性，发展孩子的智力。

我们举行的"中班级部折纸比赛"活动分为初赛、复赛和决赛。折纸作品要求：折叠正确，造型精致、美观大方！

初赛（6月5、6、7日）：在规定时间内自主折出三种造型。

复赛（6月12、13日）：在规定时间内折出教师指定的三种造型。

决赛（6月15日）：在规定时间内，折出造型多者为胜。

（2）同时飞信向家长推荐折纸活动对孩子能力发展的作用

折纸是我国的一项民间传统艺术，材料易取，操作简便，能够锻炼孩子多方面的能力。

①折纸能提高孩子的动手能力。孩子在折纸的过程中学会思考，锻炼手的协

调性，提高动手操作能力。在幼儿园老师会和孩子们一起认识和学习折纸的方法，学看步骤图等。在家里折纸可以成为一项亲子活动，家长可以给孩子准备足够的正方形或者长方形纸陪孩子一起练习，也是不错的亲子时光。家长可以给幼儿提供一些儿童折纸方面书籍，让孩子边看图边学习折纸，等孩子学会看图解之后，就可以自己动手折纸了。

②折纸能锻炼孩子的想象力和空间思维能力。由于纸的可塑性极强，可以说是千变万化。几何图形的变化也在其中，所以通过折纸可以发展孩子的创造力、想象力和空间思维能力。

③有利于培养孩子良好的习惯和观察力、注意力。它能培养我们按步骤有顺序地认真做事的良好习惯，还可以培养孩子的观察力和注意力。

④能提高孩子的审美能力。好的折纸作品，造型优美生动。折叠过程中，孩子能潜移默化地受到美的教育，培养他们的审美能力。

⑤加强孩子的交流和表达能力。孩子折纸的时候常常和小伙伴、老师、家长一起交流。不仅可以增进朋友间的友谊，而且发展孩子的表达能力。

⑥折纸可以促进孩子智力的发展。每一种折纸，都是一种物体的空间造型。孩子在折纸时，想要完成某个图形，就必须动脑思考，然后反复实践，使自己所折的形状符合实际物体的形象。

⑦折纸可以锻炼孩子的意志。折纸可以在一定程度上锻炼孩子的意志，培养孩子持之以恒的品格。因为折纸是一项细致的工作，需要按顺序进行，否则就会失败。在各种各样的折纸实践中，可以培养孩子们一丝不苟、不慌不忙、坚持到底的优良品质。

⑧享受自己的劳动成果，增强幼儿自信心。当孩子自己成功地完成一个折纸造型时会有很大的成就感，从而增强孩子的自信心。

（3）孩子在幼儿园老师的引导下，加强在区域活动中的练习

老师每天在班级群推送折纸视频，辅助家长陪孩子练习。

（4）家园配合，家长陪孩子一起练习折纸

3. 一支笔

（1）涂涂画画

玩法：可以用笔随意地涂鸦，可以画想要的图形和事物，也可以进行涂色练习……

能力锻炼：锻炼手的控制能力，提高书写能力，也提高孩子的绘画能力和色彩搭配能力等。

（2）玩"颜色对对碰"的游戏

玩法：

拿出三原色的彩笔各两只，让孩子从中找出相同颜色的两只笔并说出是什么颜色或者根据语言提示找到相应颜色的彩笔。

根据孩子的能力增加游戏的难度，可以增加颜色的数量或相同颜色的数量，让孩子听多个要素后，去拿相应数量和颜色的彩笔，如请你将3只黑色的彩笔放到盘子里……

能力锻炼：通过游戏让孩子认识各种颜色，锻炼孩子一一对应的能力，提高孩子的倾听能力、理解能力和记忆能力，也提高孩子手口一致点数的能力等。

（3）玩"给笔找家"的游戏

玩法：提供不同种类的笔若干，在笔筒上贴上不同笔的图片或局部图片，让孩子根据图示将笔分类，并放到相应的笔筒内。可根据孩子的能力增加笔的种类和数量，也可以把图示变成黑白图片或简笔画或者只给出笔的某个主要特征，以增加游戏的难度。

能力锻炼：锻炼孩子的分类归类能力和一一对应的能力，提高孩子对整体和部分的认识，也提高孩子的抗干扰能力和耐心。

（4）玩"记忆"游戏

玩法：拿出几支不同颜色的笔或者不同种类的笔，让孩子进行一段时间的记忆后，全部拿走。

让孩子说出笔的颜色或名称；

按顺序说出笔的颜色和名称；

拿走其中的几支，让孩子说出缺少了哪支笔；

逐个出示几支笔，让孩子按照顺序摆出笔的先后顺序……

能力锻炼：锻炼了孩子的记忆能力、复述能力，也提高孩子对排除法的运用。

4. 一根魔尺

我们幼儿园的魔尺，是孩子们在缝隙时间最喜欢玩的一种玩具。因为魔尺易于取放、收纳，特别适合幼儿园缝隙时间玩。缝隙时间是哪些时间呢？比如孩子们吃饭有快慢，喝水有快慢，先完成的孩子在等待其他孩子时可以玩魔尺，活动

与活动间的间隙，老师让孩子们自由活动时，就是缝隙活动时间。我们的魔尺活动已经持续了十几年，它来源于班级里的一个小朋友带来的玩具，被老师发掘、变成了幼儿园丰富的游戏活动。

我们老师喜欢魔尺，因为它挑战了人类的空间想象力和创造力，可以变幻很多形态，锻炼孩子的手和大脑。孩子们喜欢魔尺，是因为他们可以和同伴互相学习，共同游戏。因为魔尺可以变出各种形态，富有挑战性，孩子们都热衷于这种玩具。

在幼儿园，小班的孩子简单玩平面的魔尺造型，中班的孩子玩24节比较复杂的立体造型，大班的孩子则玩36节的复杂造型。关于魔尺在幼儿园的组织形式，老师要结合孩子的实际水平来做。

模仿。小班、中班上学期，孩子是以模仿为主，因为只有在模仿的基础上孩子才可能有所创造。创造是我们对孩子提出的更高要求。班级里的男孩子，特别喜欢飞机、大炮、坦克，他们就会用魔尺变出这些造型，然后给它们取上名字。老师和家长及时肯定孩子，孩子就会更喜欢创造。我们还可以把孩子的新造型拍成照片，让更多的孩子去学习。

能力弱的孩子，就需要老师和家长陪玩，建立兴趣。能力强的孩子，可以成为班级里的小老师，让他去教班级里的小朋友，从而建立自信。

锻炼能力：魔尺可以锻炼孩子的观察能力、记忆能力、反应能力、双手协调能力、空间感知能力等。

玩法：

（1）初步玩魔尺。只是单纯地玩魔尺，让幼儿自己扭扭变变。培养孩子对魔尺的兴趣。

（2）出示简单的步骤图。老师和孩子一起学习变造型。

（3）幼儿自己观察造型，自己尝试变出造型。

（4）孩子之间相互学习变不同的魔尺造型。

（5）分组比赛，提高每个孩子的积极性。

幼儿园孩子在吃完饭、喝完水的缝隙时间学习魔尺不亦乐乎，每个孩子都争当小老师把自己会的教给其他小朋友。这不仅让孩子们避免枯燥地等待，还可以通过魔尺提升自己。魔尺不仅针对幼儿阶段，小学、初中乃至成人都能通过玩魔尺来锻炼自己。

5. 一副七巧板

玩法：

（1）对对碰：先认识七块七巧板的形状并对相同的形状进行区别命名，说到某个形状名称能快速找出相应的形状或拿出形状快速说出名称。

（2）变变变：找到两块七巧板，让孩子尝试操作、探索出可以变成什么形状，如：两个大三角形可以变成什么形状呢？（更大的三角形、菱形、正方形、沙漏等）逐渐增加七巧板的数量以增加难度。

（3）复制：根据给出的七巧板造型图片进行复制。可以是先用几块七巧板拼摆的造型逐步增加到七块七巧板拼摆的造型；可以先照着图片进行复制造型逐渐过渡到记住造型、靠记忆拼摆造型。

（4）填一填：把造型中的几块七巧板拿走，让孩子尝试把拿走的七巧板填充进去，可以由一两块逐渐过渡到七块；可以由七块的形状边线逐渐过渡到只有造型的外边线。

（5）自由创造新造型：给出某一实物的图片，让孩子根据主要特征创造性地进行拼摆相应的造型

能力锻炼： 让孩子认识了各种形状，锻炼了孩子一一对应的能力，提高了孩子的空间感知能力和推理能力，发展了孩子的想象能力和创造能力，同时无形中也锻炼了孩子的记忆能力、专注力和抗挫折能力等。

6. 一张拼图

3—6岁幼儿可以从8—50块的拼图，依次增加难度。刚开始在选择拼图时，尽量选择颜色对比鲜明、卡通、线条色块分明的，这样孩子在初期玩的时候会比较容易接受，然后逐步从易到难。

玩法：

（1）部分拼图。像小班的孩子在刚开始玩的时候把拼图的一部分拿走，只拼拿走的这部分，降低难度，孩子在这个尝试中找到自信，才能更愿意挑战难度大的。

（2）在引导孩子玩拼图时，等待是很重要的。相比较直接告诉他这块应该放在哪里，让孩子自己发掘一些有用的线索更容易让他接受和有兴趣挑战。所以，我们可以用一人放一块的形式适当提示幼儿发现线索。

（3）独立完成一块完整的拼图。给孩子足够的时间，让他通过自己的方式

来完成拼图，我们成人做的就是不要打扰他们。

（4）合作完成拼图。有的拼图块数很多，很复杂，这个多半是大班会碰到的现象，大班幼儿有合作的能力，我们可以提供相对难点的拼图，让他们在区域活动的时候自由组合拼完拼图。

（5）拼图也是我们幼儿园亲子活动的一个特色，通过一个小小的拼图活动让家长能够静下心来陪孩子安静地享受亲子时光。

案 例

亲子拼图流程

（1）**前期准备**

①孩子拼图经验的准备。

②理解整体与部分的关系。

理念指导：

拼图能培养孩子的观察力、做事的耐心和有条不紊的态度。

所需材料： 拼图若干，可自制，可购买成品。

拼图年龄对照：3岁8—18块，4岁18—28块，5岁28—48块，6岁50—80块。

（2）**活动概述**

拼图游戏是广受欢迎的一种智力游戏，它的变化多端，难度不一，让人百玩不厌。它非常适合孩子们玩，不仅对思维发展有重要作用，而且还能帮助他们养成独立解决问题的习惯。因此，爸爸（妈妈）可以让孩子玩各种各样的拼图，让孩子们在享受游戏快乐的同时从中获益。亲子拼图活动，将父母和孩子的距离大大拉近，父母不再是"指点江山的策划者"，而变成了和孩子一起完成任务的"亲密战友"，这种根本状态的改变，会带给孩子极大的愉悦。

（3）**活动目标**

①了解"部分"与"全部"的关系。

②培养平面组合的概念。积木是立体的组合，而拼图是一种平面组合的概念。

③懂得顺序、秩序和逻辑的意义。许多孩子在一开始接触多片拼图时，自然就知道要从边缘开始拼，这就是学习顺序、秩序及逻辑的意义，并且从观察与判

断中学习分类，他得观察范例上的正确拼法，才能拼出正确答案。

④增进手眼协调能力的发展。拼图需要孩子耐心地操作，以及手眼协调能力，只要一不协调就不能将色块放在正确的位置，但一开始不会的孩子，只要多练习几次自然就会了。

⑤培养观察力、耐心及专注力。通常拼图都是由日常生活现象拼起，所以小朋友要熟悉身边的事物，才能按照逻辑拼出正确的图形，除此之外，还可以培养孩子的耐心及专注力，让他可以"坐得住"，专心做一件事。

⑥学习解决问题的方法及策略。玩拼图能学习推理思考能力，因为孩子会经历由尝试不同的选择，到决定正确的一片放下去，也就是经过假设、判断到选择的过程，让他学习运用逻辑来解决问题的方法。

⑦提高抗挫折能力。孩子在玩拼图的过程中难免会有拼错的时候，这时他们会感到挫折，表达不想玩的意愿，但是大人可以从旁鼓励并协助他们，帮他们渡过难关。

⑧帮助孩子建立自信心。当孩子将混乱的拼板一块块衔接起来，直至重新组合成功的时候，孩子会感受到成就感，这就提高了孩子兴趣。

（4）**活动组织形式**

①提前一周让家长为孩子准备块数相同的拼图，以中班为例，我们准备的是40块的拼图，发微信通知大家，如下：

各位家长朋友：

为了锻炼孩子的能力，从下周开始，我们要进行关于拼图的亲子活动啦！请您利用空闲时间带孩子去选一张他自己喜欢的拼图，纸质的就行，价格在两元钱左右，块数为40块。为了防止拼图混淆或丢失，请您帮孩子在每一块的反面都写上他的学号。

老师事先准备好一些比拼图完成尺寸大的厚纸板或是地垫，在拼图组合前，垫在底下，以方便在组合过程中的移动及收藏，并防止拼图散落及遗失。

制作PPT，在亲子活动时让家长直观地感受各个步骤。

②家长和孩子一起尝试。

老师再次讲解，和孩子一起总结简便方法。比如先将画面的四边组合起来，再逐步往图面中心进行。或者先拼一角，往四周推进，比如先拼图案，总之到最后，完成完整的图案。

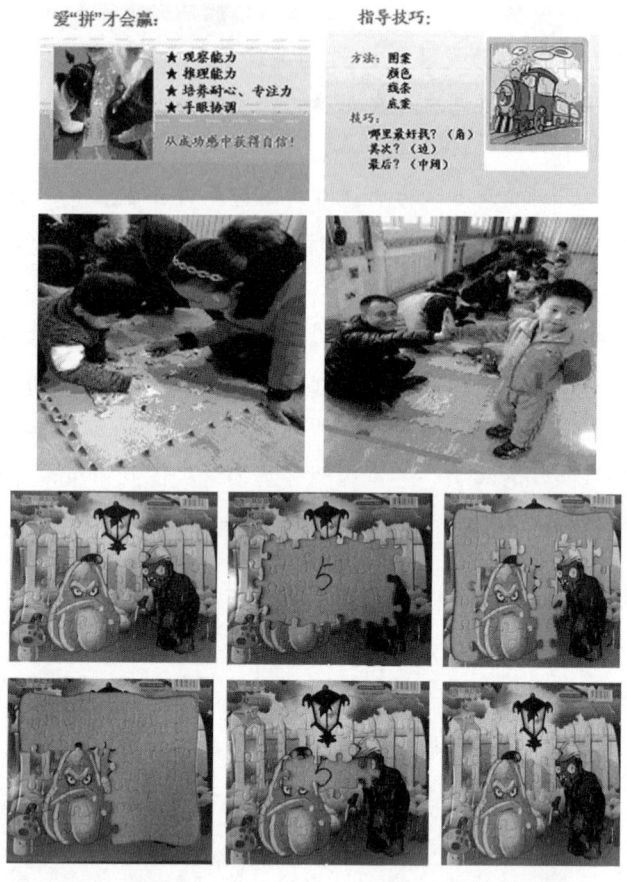

家长孩子再次尝试。

胜利啦!

③当然,整个拼图活动的练习,不能只靠一次亲子活动,平时也要不间断练习,直到熟练为止。

可以独自练习，也可以组成小组练习：

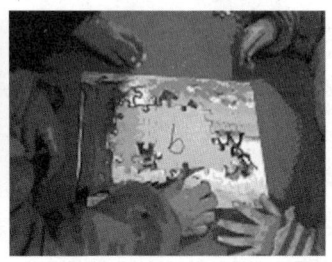

④经过一段时间的练习，便可以以级部为单位组织拼图大赛。每个班级的孩子可以抓阄选号，分组进行。

在比赛中，极大地增进了孩子的竞争意识、自信心和抗挫折能力。

(5) **注意事项**

为孩子选择拼图时，家长需要考虑得多一些：

①切勿只在乎片数。选择拼图时必须难易轮流交替，不要以为愈多片的拼图会让孩子感觉愈有趣，因为轻松容易的拼图可以让孩子增加成就感，而较难的拼

图不适合初学，在后面阶段，才能让孩子培养耐心，提高观察力。

②图案的种类要注意。拼图的难易度除了片数之外，种类也是很重要的因素，通常卡通、线条色块分明者比较好拼，单色或色彩渐层不易分类或区分的就比较困难了。

③不要高估孩子的能力。有些父母因为看孩子拼得很好，就觉得孩子的能力很强，于是在难度选择上跳了好几级，选择很复杂的拼图给孩子，这时孩子可能会因为无法完成而产生很大的挫折感，甚至会很久都不愿意碰拼图，虽然适度的挫折可以提高孩子的受挫度，但难度过大却会让他失去信心和兴趣，所以家长千万不要高估了孩子的拼图能力。

④不要急于告诉他该放哪儿。在引导孩子玩拼图时，等待是很重要的。相比直接告诉他"这块应放这里，那块应放那儿"，让孩子自己去发觉一些有用的拼图技巧更能有效激发他们的思维能力。家长在为宝宝选购拼图时，一定要注意材质和安全性，以免小朋友刮伤手指。

(6) **小结**

玩拼图是一项很有益的游戏活动。它能够锻炼人的耐心、细心、专心、恒心以及推理思考力等，每当完成一件作品，都会有一种成就感，会发现那幅图很美，会觉得这么难的拼图都能完成，没有什么是做不到的。

孩子们玩拼图的形式和大人不同，大人是"策略性"玩拼图，孩子则是"直觉式"玩拼图；大人是先挑四周平边并分类，孩子则是率性地拿到那一片就开始寻找它的位置，由于孩子的部分与整体的概念很强，玩过几遍之后，就会记得较突出的形状或色块的位置。

通过拼图的学习，孩子会渐渐总结各种拼图方法，并学习从杂乱无章的头绪中理出适宜的拼图方法，一次次的尝试，孩子便建立起属于自己的拼图"策略"，而当他开始与别人合作进行拼图游戏时，也正在尝试接触小朋友们之间复杂的人际关系，幼儿专家认为拼图是训练儿童提高挫折忍受度的良好工具。

(7) **说明**

另有一些种类的拼图其零片两面都印有图案，玩家可按任意一面的图案拼组，同时游戏的难度也有所增加，因为就手中的零片而言，玩家很难确定哪一面才是正确的一面。

除了传统的平面拼图，还有不同种类的立体拼图，立体拼图的零片多由木材或泡沫塑料等更坚实的材料制成。其空间特征往往导致了难度的增加，要求玩家必须按特定顺序拼接零片，如果已完成部分有零片拼装不当，剩下零片很可能就无法继续往上拼接。

（8）相关游戏

①树叶拼图

树叶拼图是利用自然树叶为原料，发挥想象力，自由构图，拼出各种动物、人物等充满童真趣味的图画。由于树叶往往是就地取材，且每一片树叶，几乎都有各自不同的色彩、亮度、形状、透明度等，因此树叶拼图其趣迥异，就算是相同的树叶，让不同的人来拼图，100个人就有100种拼图，可以说，树叶拼图就是一种充满想象力的拼图游戏。

②米奇50片拼图大挑战

游戏说明：米奇50片拼图大挑战，游戏开始后会显示一下完整的拼图。超级考验你的眼力。

操作方法：鼠标拖动碎片到相应的位置。

③芭比娃娃拼图

游戏说明：一个漂亮的拼图游戏。

操作方法：鼠标拖动碎片到相应的位置。

④喜羊羊拼图

游戏说明：国产动漫明星、可爱的喜羊羊红遍大江南北，这是款关于喜羊羊与灰太狼的拼图游戏，一共46关。获得最高分为最终赢家。

操作方法：鼠标拖动碎片到合适的位置，点击碎片可以调整方向。

⑤奥特曼拼图

游戏说明：这款关于奥特曼的拼图游戏，一共20关。获得最高分为最终赢家。

操作方法：鼠标拖动碎片到相应的位置，点击图片旋转调整。

给家长的建议：

①拼图是培养孩子耐心的最好方式，家长可以根据孩子的不同情况 选择8

块、20块、40块、70块、150块等不同难度的拼图让孩子练习。

②家长要对拼图游戏有足够的重视，因为，拼图游戏是培养孩子视觉辨别能力的良好途径，对孩子将来的学习有很大的帮助。

锻炼能力：

①了解部分与全部的关系；

②培养平面组合的概念；

③培养观察能力、耐心、专注力；

④提高抗挫折能力；

⑤学习解决问题的方法及策略。

案例

拼图擂台赛

倡议书

尊敬的家长朋友，可爱的孩子们：

拼图游戏是广受孩子们喜欢的一种智力游戏，所以为了让孩子们在享受游戏快乐的同时从中获益，我们中班级部将开展有趣的拼图比赛，现向各位家长和小朋友们发出活动倡议。拼图的变化多端，难度不一，让人百玩不厌。它非常适合孩子们玩，对孩子思维发展有着重要的作用，同时对观察能力、推理能力、手眼协调、耐心、专注力，都会有很大帮助，还能帮助他们养成独立解决事情的习惯，所以希望大家积极报名。我们的活动分为初赛和复赛。

初赛：20块的拼图，以每组10进5的形式进行；复赛：40块的拼图，以每组10进4的形式进行。

拼图有利于孩子的逻辑思维能力、推理能力的发展，通过亲子活动的开展，拉近了老师与家长、孩子之间的距离，同时更有利于我们家园共育的实施，增进亲子感情，使家长能更好地了解孩子、把握孩子，也使家长更深入地了解我们的教育理念和细节。另外，一对一的形式使每个孩子得到更快、更好的发展。

给家长的建议：

①放下手中的手机，与孩子一起静下心来了解自己孩子思维能力的发展水平，同时发展孩子识别和组合平面图形方面的能力，提高心理承受能力。

②一般中班开始组织拼图活动，每天抽出一点时间让孩子拼一拼，相信孩子会获得很大的进步。

③坚持是一件说起来简单，做起来很难的事情，我们家长作为孩子的陪伴者，要和孩子一起坚持下来。

7. 一副五子棋

五子棋是双方对弈的一种棋类游戏。双方在对弈前要用"猜先"的方式决定谁持黑棋，谁持白棋。持黑棋的称为黑方，持白棋的称为白方。黑方先出棋，第一颗棋要放在最中间的"天元"。那"猜先"的具体方法是怎样的呢？双方各自抓一把棋，整齐地摆放在棋盘上（起点对齐，方便比较多少），看双方相差几个棋子，相差的棋子数是双数就换棋，单数就不用换棋，也叫"双换单不换"。如开局前的A抓了5颗白棋，B方抓了7颗黑棋，双方相差2个棋子，2是双数，双方要将手中的棋子交换，那A换成拿黑棋是黑方，B换成拿白棋是白方。双方在下棋过程中谁先将自己的5颗棋子连成一条直线，便取胜。

《幼儿纲要指南》中指出：要重视幼儿的学习品质。幼儿在活动过程中，表现出的积极态度和良好行为倾向是终身学习与发展所必需的宝贵品质。要充分尊重和保护幼儿的好奇心和学习兴趣，帮助幼儿养成积极主动、认真专注、不怕困难、敢于探索和尝试、乐于想象和创造等良好的学习品质。忽视幼儿学习品质培养，单纯追求知识技能学习的做法是短视而有害的。在下棋的过程中孩子们要做到"落子无悔""安静思考""观棋不语"等，所以孩子们通过学习五子棋养成了良好的学习习惯和品质。如①"落子无悔"的约定和限制，让孩子们能先思考再行动，不盲目地下决定；②"安静思考"让孩子养成了安静思考的习惯，提高了注意力集中的时间，形成了认真专注的学习品质；③"观棋不语"的约

定和限制，让孩子懂得了不随意打断别人的思考，不随便打扰别人；④"猜先"提高了数学能力，增加了对分类、比较以及加减计算的能力；⑤孩子们在下棋的过程中，无形地培养了孩子对时间和空间的逻辑上的见解，同时认识了横线、竖线、斜线及距离的概念；⑥棋局结束后就会有输有赢，培养了孩子的抗挫能力，让孩子无形中懂得了"胜败乃兵家常事"，我们应该做到"胜不骄败不馁"的积极乐观的心态；⑦养成了良好的思维方式，提高了孩子的逻辑思维能力，培养了孩子敢于探索和尝试的学习品质。

案 例

五子棋活动的开展

平时，我们开展五子棋的方式是利用缝隙时间的集体教授和区域内的互相切磋有机结合，过渡到亲子活动中的亲子对弈、师生对弈、不同班级的小朋友对弈、班级挑战赛、级部擂台赛等多种形式，来保持孩子对五子棋的兴趣，不断提高他们下五子棋的防攻技巧，从而提高孩子各方面的习惯和能力。平时我们是按照以下步骤进行学习五子棋的：

（1）初步认识五子棋的棋盘、棋子

棋盘：十五路棋盘（15×15），225个交叉点，中间是"天元"，其他四个为"星"。主要线有端线、边线、阳线、阴线。

棋子：黑子113枚；白子112枚，共计225枚。

对局相关术语：

黑方：执黑棋一方的简称；

白方：执白棋一方的简称；

胜局：有一方获胜的对局；

和局：不分胜负的对局；

终局：对局结束。

(2) 学习专业术语

【活二】再走一着可以形成活三的二。

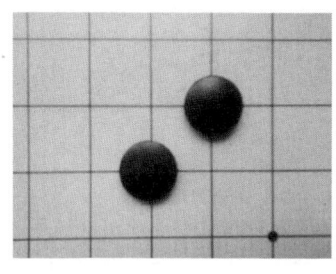

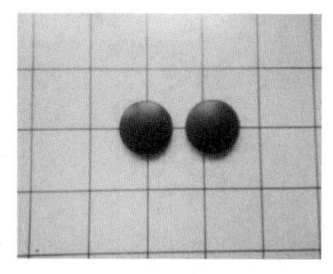

【跳活二】中间隔有一个空点的活二。简称"跳二"。

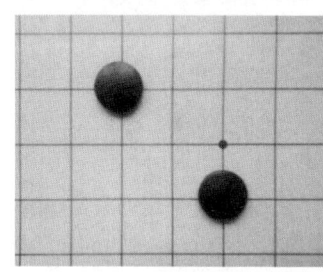

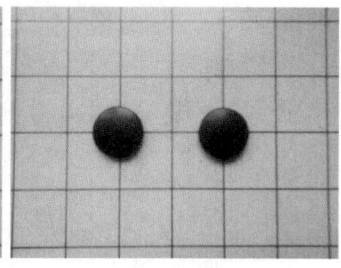

【大跳活二】中间隔有两个空点的活二。简称"大跳二"。

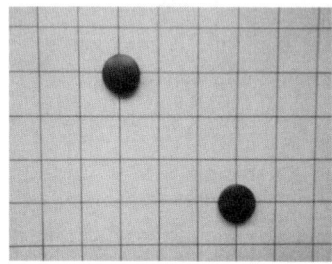

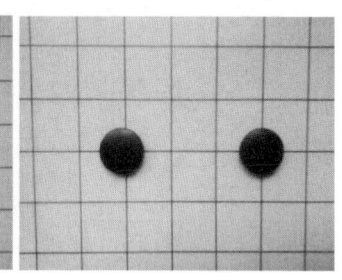

【眠二】再走一着可以形成眠三的二。

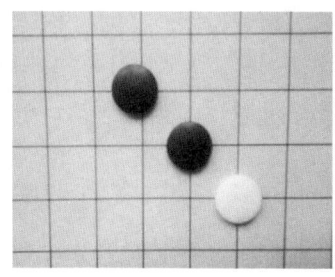

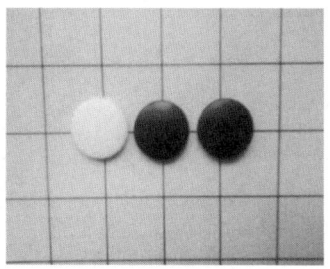

【死二】不能成五的二。

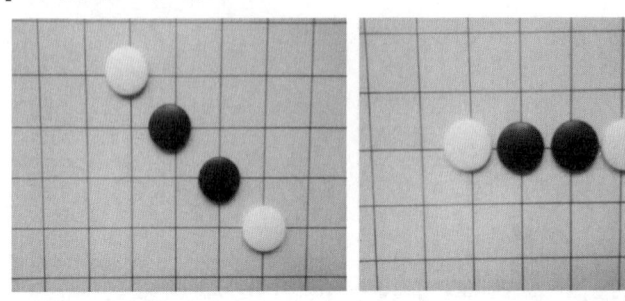

【活三】再走一着可以形成活四的三。

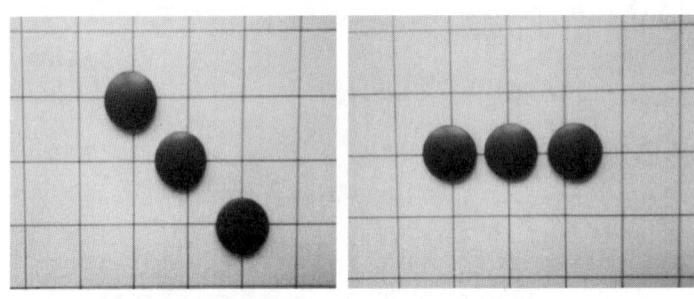

【跳活三】中间夹有一个威胁的活三。简称"跳三"。

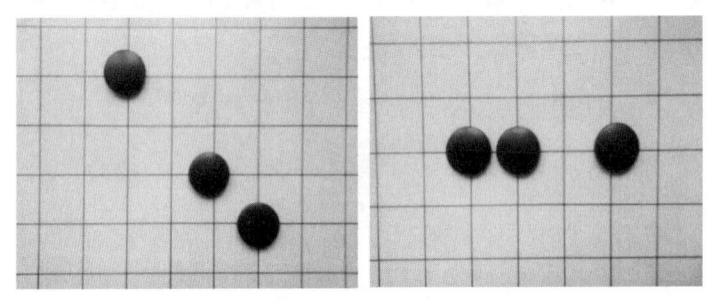

【眠三】再走一着可以形成冲四的三。

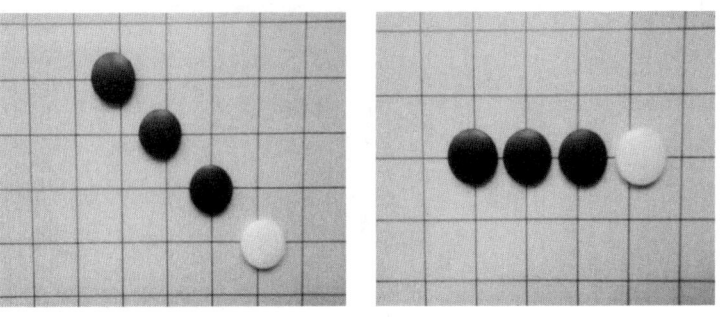

【死三】不能成五的三。

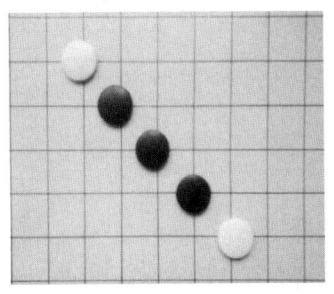

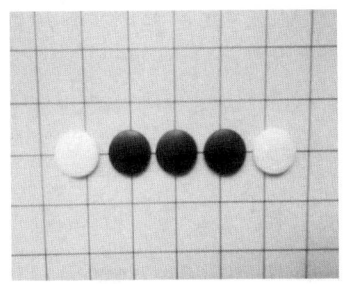

【活四】有两个威胁的四。

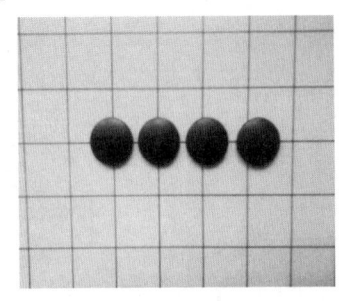

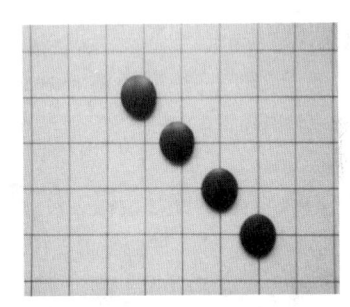

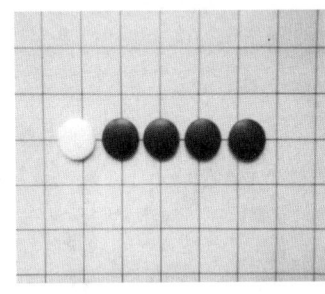

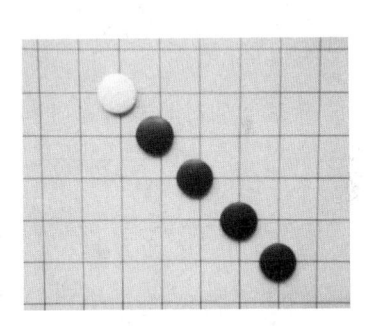

【冲四】只有一个威胁的四。

【死四】不能成五的四连。

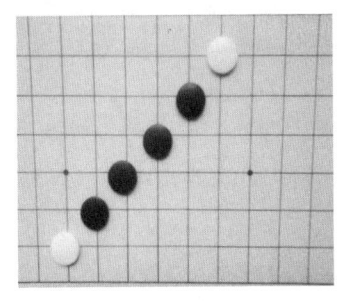

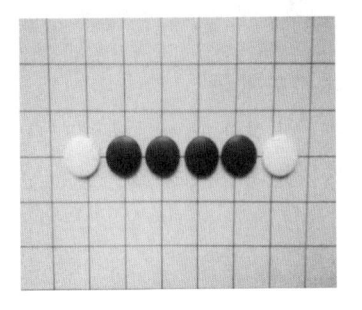

(3) 棋局中的"三三""四四""四三"

【三三】一子落下同时形成两个活三或跳活三称"三三",也称"双三"。

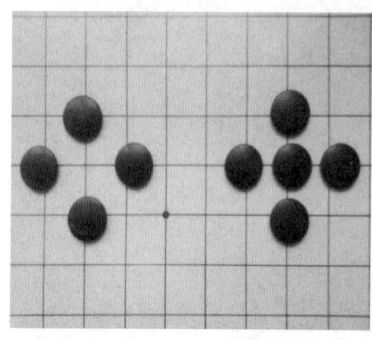

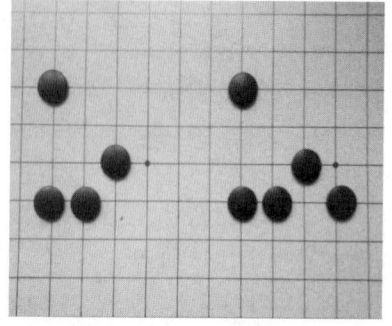

【四四】一子落下同时形成两个冲四或跳活四,也称"双四"。

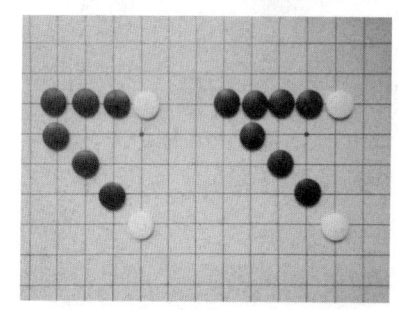

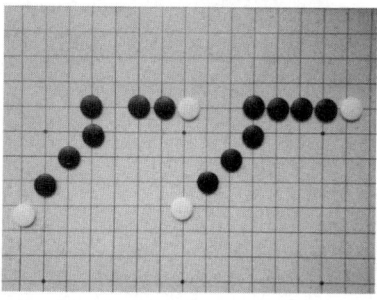

【四三】一子落下同时形成一个冲四和一个活三。

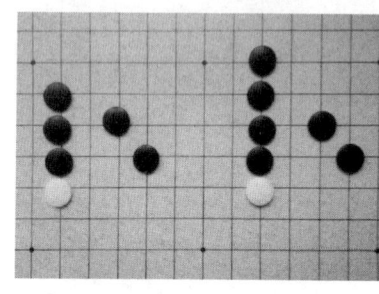

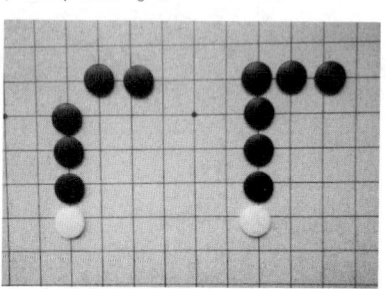

(4) 战术相关术语

一子双杀:凡是下一步棋子能形成三三、四四、四三的都叫一子双杀。

一子双防:凡是下一步棋子能防止对方形成三三、四四、三四的都叫一子双防。

案例

五子棋擂台赛
倡议书

亲爱的家长和孩子们：

对于我们每个人来讲，思维比行动更加重要。咱们大班孩子通过学习五子棋，思维发展较快，动脑习惯逐渐养成，不但掌握了下棋的方法，也慢慢形成了自己的棋路，注意力在不知不觉中提高了，培养了敏锐的观察力和超强的记忆力，思维的逻辑性更加缜密，下棋时的如果和假设培养了孩子的数学逆向思维能力，还培养了孩子机智勇敢的品质和谦虚乐观的精神。"胜不骄，败不馁"的观念让孩子能够正确面对挫折并"输得起"。为了增加孩子们与高手对弈的机会，进一步提升孩子的思维能力，我们将举行"五子棋"争霸赛，希望孩子们通过这次活动提升多多！

活动后的反思：

五子棋被喻为智慧的体操，是一种两人对弈的纯策略型棋类游戏。对孩子的逻辑思维能力、推理能力的发展大有好处，通过亲子活动的开展，拉近了老师与家长、孩子之间的距离，同时更有利于我们家园共育的实施，增进亲子感情，使家长能更好地了解孩子、把握孩子。也使家长更深入地了解我们的教育理念和细节。另外，一对一的形式使每个孩子得到更快、更好的发展。

给家长的建议：

①放下手中的手机，陪孩子对弈，游戏过程中你会更加了解自己的孩子思维方面的能力水平和心理承受能力。

②刚开始时，可以适当地让孩子赢几盘棋，让孩子乐意走进黑白棋世界，体验成功感，但也不能过分地谦让，导致孩子最终输不起。

经验分享：

①大班下学期开始接触五子棋，每天抽出一段时间让孩子们相互间进行对弈练习，提高孩子的下棋水平。

②老师也要参与其中，和高手对弈，如果能够战胜老师，所获得的成功感和喜悦感会更加强烈，以此来提高孩子们的自信心。

8. 一根绳

玩法：

（1）走线线。几根不同颜色的绳子交错在一起，一端拴上物品，从另一端沿线找，看会找到什么物品；几根相同颜色的绳子交错在一起，两段拴上物品。沿线找一找哪两个物品是好朋友（在一条线上），逐渐过渡到用眼睛沿着线找好朋友。

（2）根据步骤图学系蝴蝶结或练习系鞋带或尝试根据绳子上的疙瘩进行解疙瘩。

（3）编手链。根据视频进行多种形式的编手链。可以单根绳编手链，可以两根绳编手链，也可以多根绳编手链；可以多人合作编手链，可以双人合作编手链，也可以单人编手链。

（4）撑绳。由撑简单的造型到撑复杂的造型；由单人撑绳过渡到多人合作撑绳；由跟学（跟着视频、图示、成人、同伴撑绳）过渡到自主创新撑绳……

能力锻炼：锻炼了孩子的手眼协调能力和手的灵活性，提高了孩子的专注力、观察能力、空间感知能力、合作能力和创造能力，同时让孩子敢于去尝试和探索，乐于想象和创造。

9. 一双筷子

筷子在幼儿园里可以干什么？好多幼儿园的小朋友都会用它来夹豆豆。夹豆豆是区域和晨间活动中经常让孩子们做的一件有意义的活动，夹豆豆可以提高孩子手指小肌肉的灵活性，锻炼孩子的手眼协调能力。

幼儿园里把筷子列入我们的"十个一"活动意义重大。我们都知道，想锻炼孩子的一种能力，不是靠三两天的活动就能完成的，它必须要有一个长期的过程，半年或者隔段时间后把游戏的兴趣和难度提高，这样才能让我们的孩子有发展。同时《指南》中指出，要珍视游戏和生活的独特价值，创设丰富的教育资源，合理安排一日生活，最大限度地支持幼儿通过直接感知、实际操作、亲身体验获取经验的需要，严禁"拔苗助长"式的超前教育和强化训练。基于这一点，我们的筷子游戏要设计得丰富一点，有趣一点。

所以老师们在和孩子们玩筷子游戏时做到了坚持性和有趣性这两点。

在坚持性方面，我们老师制订了计划，每周有两天的晨间活动设置夹豆豆的

筷子游戏，这样孩子们入园后能很好地投入到活动中。在区域活动中，老师在动手区也设置了夹豆豆的环节，让孩子自由选择玩耍。为了让孩子们整体得以发展，老师们对孩子们的操作情况和操作次数作了跟踪记录。借用我们班级的微信群，让它变成与家长共同做的亲子活动。我们的家长和孩子玩得不亦乐乎，家长用左手夹，孩子用右手夹，能力强的孩子能左右开弓。通过这样的活动，让家长认识到筷子的妙用和好处，更好地参与到孩子的教育中来。

其实，家长在和孩子玩用筷子夹豆豆的游戏时，发现个别孩子没有耐心，特别是大班的孩子急于求成。于是，我们设计了一个锻炼孩子耐力的游戏——看谁最稳，家长和孩子每人20颗珠子，看谁夹得稳，一次完成一个，不掉落。这样让孩子能专注、有耐力地完成夹豆豆的游戏。

有了坚持，孩子们的手眼协调能力得以锻炼，专注和耐心的良好品质得以形成。但是，一项活动千篇一律地玩，孩子是不喜欢的。所以，老师们试着改变游戏的玩法，丰富游戏的玩法。

在游戏的玩法上，老师们做到了夹豆豆游戏和其他游戏的结合，比如，在户外的体育游戏中，孩子们跑一段距离后到终点夹豆豆5个，然后再跑回起点，这样就做到了动静结合，避免时间长了孩子感到枯燥。在室内活动中，老师制作了各种小动物的图，让孩子们喂小动物吃饭。到了大班，我们制作了各种与玻璃球相匹配的小洞，让孩子们10个一排填充豆豆或用夹的豆豆在木板上拼成（填充）一个自己喜欢的动物，如用豆豆做的小鱼、汽车等等。

有了老师们的深入跟踪研究，我们让简单的一个豆豆游戏提升了孩子的能力，锻炼了孩子的耐力。这就是幼儿园的教育，我们的家长也认可老师教育的价值，认同幼儿园不同于其他学段教育，认可我们的工作。

10. 一个沙包

沙包是一种传统的自制体育器械，玩沙包更是一种老少皆宜、人人均可参与的体育运动。小小一个沙包，便足以发展孩子的多项基本动作，让孩子在游戏和玩耍中提高动作的灵活性，增强身体素质，同时融洽同伴之间的感情。沙包游戏不仅能锻炼小肌肉，还能训练手眼的协调，培养敏捷的反应能力，能够训练个体的敏捷性。

沙包的多种玩法：

（1）抛沙包——看谁抛得高

和幼儿一起，把沙包拿在手中，使劲向上抛，看谁抛得高。为增加幼儿对游戏的兴趣，可选择一定的目标。如在一棵树下，可激励幼儿："使劲向上抛！看谁能砸到树叶！"还可以和幼儿面对面站立，进行互抛互接的游戏，在一抛一接的过程中就锻炼了幼儿的手臂力量和动作的协调性。

（2）顶沙包——锻炼平衡

把沙包放在头顶，让幼儿保持身体平衡，小心翼翼向前走，不要使沙包掉下来，这可锻炼幼儿的平衡能力。还可以别出心裁地把沙包放在肩膀上、胳膊上、手臂上，依然会使幼儿的平衡能力得到锻炼和提高。

（3）踢沙包——锻炼腿部力量

把沙包放在脚面上，向前方或者上方用力踢沙包，以锻炼幼儿的腿部力量。如果幼儿动作发展足够协调，还可以鼓励幼儿连续踢沙包，各自和幼儿计数，看谁踢得多，在发展腿部力量的同时，还可以锻炼数数。

（4）夹包跳——练习双脚跳

把沙包放在两脚或两腿中间夹紧，连续向前跳。可以从同一起跑线开始，和幼儿一起进行夹包跳的比赛。发展跳跃动作的同时，孩子的竞争意识也会得到培养。

（5）运沙包——练习爬的动作

选择干净的地面，让幼儿趴在地上，把沙包放在幼儿背上，让幼儿驮着沙包爬行走。为增加游戏的趣味性，可以借用小乌龟、小蚂蚁的头饰或图片让幼儿戴上，来一个"小乌龟赛跑"或"小蚂蚁运粮"的游戏，定能提高幼儿参与游戏的积极性。

（6）抓沙包——锻炼手臂灵活性

幼儿把沙包放在手背上，用手背把沙包抛起来，之后迅速翻手抓住沙包。接着把沙包向上抛起，迅速翻手用手背接住沙包，依此方法反复进行。可以和幼儿比赛，看谁抓住的次数多。幼儿在抓沙包的过程中锻炼了手臂的灵活性和上肢肌肉的力量。

（7）螃蟹走——两人协作

和幼儿一起协作，背靠背夹住大沙包，手臂挽住手臂，横着身体像螃蟹一样侧着走。在两人相互配合横着走的过程中，不仅提高幼儿动作的协调性，还可让幼儿体会到两人相互协作的重要性。

小小一个沙包，玩法多种多样。沙包游戏活动符合幼儿身心发展的要求，是幼儿园各种活动中幼儿比较喜欢、乐于参与的活动，通过各种沙包活动，反复地模仿和体验，提高了幼儿的道德认识，激发了幼儿的道德情感。实践证明，沙包游戏作为一种传统的民间体育游戏，不仅丰富了体育活动的内容，而且能促进孩子各方面的协调发展，在幼儿的成长中起着不可低估的作用，是一项特别有益的教育活动。

教师反思

幼儿初次接触沙包，内心充满了好奇，并且很容易就想出了各种各样关于沙包的玩法，活动中我们没有干涉他们的活动，给幼儿最大的自由发挥空间。由于沙包玩法多样，孩子们兴趣很浓。活动中以竞赛的方式玩沙包游戏。游戏规则中的竞争意识调动了幼儿参与游戏的积极性。

幼儿的年龄特点促使他们对事物的注意力极其短暂，体育活动中一成不变的玩法往往会使他们失去兴趣，因此，一物多玩必将成为我们探索的方向。在本次活动中，我们以沙包为载体，设计了沙包的多种玩法，如踢、走、投、抛接沙包等，多样的玩法不仅丰富了幼儿玩沙包的经验，同时也深深引起了幼儿的兴趣，符合了幼儿园指导纲要的精神。

将沙包活动融入到班级的日常户外活动中，让幼儿在户外活动时间尽情体验玩沙包的乐趣。让幼儿在玩中学，在玩中不断锻炼自身的各项能力。

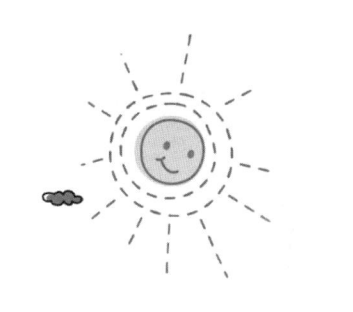

第三部分

家园共育 —— 教师

第三部分　家园共育——教师

一、家园共育中教师的角色扮演

教师是素质教育的实施者,是教育过程中的主体,是幼儿学习、模仿的对象。教师的人格特征、言行举止、心理健康状况以及对待幼儿的态度,直接影响着幼儿的发展。然而,教育成功与否,不是教师单方面的努力可以做到的。在幼儿时期,对其影响最大的就是家庭,家庭教育会对幼儿的发展产生深远的影响。应该说家园合作教育是一种必然选择。

经过多年家园共育活动的实践探索,以及不断地教研,我园对教师在家园共育中教师应该处的位置和发挥的作用,有了日益深刻的认识和体悟。形成了我园特有的提升教师专业素养、促进教师专业发展、增进家园共育的理念与做法。

(一) 我们是教育的组织者和主动者

《纲要》指出:"家庭是幼儿园重要的合作伙伴。应本着尊重、平等、合作的原则,争取家长的理解、支持和主动参与,并积极帮助家长提高教育能力。"只有教师和家长建立了平等合作的伙伴关系、家园双方才能彼此信任、互相沟通、密切配合,才能更好地发挥家庭教育和幼儿园教育的合力,使我们的教学工作和家教工作获得双赢。

在一日带班过程中,如果家园工作做不好,就会经常出现这种情况:家长嫌

教师对幼儿照顾不周，对教师产生误解；教师嫌家长不理解自己的工作，心怀委屈。当出现这种情况时，作为教师，应当主动与家长进行交流与沟通，认真细致地做好家园联系工作。

案例

诺诺是我们班的比较弱势的小女孩，性格内向，沉默寡言，在教师眼里属于乖乖女。因为诺诺的性格特点，她奶奶对我们的工作产生了误会。

那天，我带孩子们在户外活动，当时室内室外温差大，所以要求孩子们穿上外套，但是诺诺的衣服又厚又长，活动不方便，所以诺诺不愿穿。而且我看她室内穿的衣服厚度也是可以的，就答应了。正当我和孩子们在外面玩得尽兴时，诺诺奶奶临时有事来接她回家，当时在看孩子攀爬，我没顾上和她说话，只是挥了挥手。她奶奶边走边说："你们老师真不像话，这么冷的天也不给你穿外套。"诺诺一句话也没说。

这情景正巧被一位在大门口值勤的教师听见，她马上告诉了我。第二天，我装作什么事也没发生，主动找诺诺奶奶聊天，让她为诺诺准备一件短一些的外套或背心，并向她解释了昨天孩子不穿外套出去活动的原因，并告诉她一些关于进入秋季孩子的保健，她听完解释后宽慰地笑了，并主动向我表示歉意。

案例

当家长不理解教育活动时

中午我正在备课，琪琪爸爸气冲冲地跑进教室，对值班的赵老师大声说："赵老师，你们幼儿园是怎么回事，怎么每天都让孩子当服务员？我可不想让我们琪琪以后去当服务员啊！"赵老师连忙问："怎么是每天当服务员啊？"琪琪爸爸说："这个星期已经连续三天了，回家我问琪琪在幼儿园玩什么了。琪琪都说在玩当服务员的游戏，怎么每天都要当服务员，你们不学其他的数学、语文知识吗？"赵老师说："这是琪琪自己喜欢的事情，我们不能干涉他的。"琪琪爸爸更生气了，提高声音说："那要你们老师干什么？"赵老师是一位只有三年教龄的年轻教师，本来就不太会和家长沟通，遇到琪琪爸爸，她就更加不敢说了。我听她怎么都解释不清楚，便走了出去。琪琪爸看到我，上前说："王老师来了，你

来说说看，是怎么回事？"

我想，琪琪爸爸应该从来没有看到过我们的操作材料，他并不了解"当服务员"这个活动，所以，我得把"当服务员"这个活动的内容和目标详细说给他听，才能让他真正了解我们教育的目的。

于是，我说："琪琪爸爸，你看到过当服务员这个活动的材料吗？"他摇了摇头。我说："那我带你去看看吧。"我把琪琪爸爸带到教室的材料柜，前把"当服务员"的操作材料拿出来，给他看，然后说："当服务员，是我们个别化操作学习的一项内容，我们把一些学习的目标融入到了当服务员游戏中。琪琪在玩当服务员的游戏时，不是像你想的那样伺候别人。你看，他要把顾客点的餐找到并记录下来然后进行分类等活动，活动中蕴含着孩子之间的交往和沟通能力的训练和培养，还有数学认知和语言发展等等，锻炼孩子不同的能力发展。"琪琪爸爸看着这套材料呆住了。我又说："这个活动有数学中的分类、排序、分辨左右，你看这么难的数学内容，琪琪都完成得很好，说明他对数学很有兴趣呀。"琪琪爸看看我，又看看材料，挠挠头，很不好意思地说："王老师，我是个粗人，不懂你们的教学，听你这样一说，我就放心了。"

解决策略

（1）教师必须对教育目标、内容、对象有着充分的了解。教师与一般人的区别就在于，他们能用专业的理念来分析问题。教师对教育目标、内容和对象有自己的专业认识。

（2）运用专业的知识向家长诠释，让家长建立真实的感受。一个看似简单的当服务员游戏，里面包含了这么多领域的学习内容。幼儿是在游戏中主动、快乐地学习、掌握这些知识的。这样的解说真实，有说服力。

（3）以真诚的态度感谢家长的质疑与监督。家长对幼儿园教育的关注是促进我们工作的动力，因此要正确对待家长的质疑和不理解。可以通过一些开放活动、园报、宣传橱窗向家长宣传我们的教育理念和教育方法，取得家长的认可和配合，让教育朝着有利于幼儿发展的方向前进。

（4）防患未然。为了预防此类事情再次发生，教师可以在一个月或一个教学阶段给家长写一封信，告诉家长下周或下月将要进行的活动计划，在让家长明了的同时，作必要的配合。

（5）在教育活动中，我不仅要时刻关心孩子的一举一动，还要注意不要冷落了家长。幼儿园应加强与家长的情感沟通与信息交流，了解家长对孩子教育的需要，尽可能地满足他们的需求，从而激发他们参与幼儿园教育的兴趣和热情。

（二）家长与教师是合作中的朋友

教师与家长都围绕着同一个目标努力，那就是为了幼儿的健康成长，因而教师与家长之间的沟通尤为重要，由于交流的双方都共同爱着、关心着同一个孩子，因此，两者的沟通应该是充满爱心、热心、诚心、责任心的，所以，教师与家长之间一定要有好的合作态度、相互理解、相互支持、相互尊重。

案例

相互支持的亲子活动

3月8日是三八妇女节，为了让孩子能向妈妈或奶奶表达自己的情感，我们特地和孩子们准备了亲手制作的小礼物，把妈妈和奶奶请到幼儿园。活动中，孩子们一句句暖心的话语，一份份亲手制作的礼物，一个个精心准备的文艺节目，打动了在座的每一位家长。浩祥妈妈激动地拉住我的手，说："王老师，浩祥的举动真的是让我感到太吃惊了、太感动了。"我问："怎么了？"浩祥妈妈说："昨天，浩祥突然搂着我，对我说：'妈妈你辛苦了，我爱你！'"浩祥妈妈还说："平常这孩子特调皮，确实让我操了不少心，没有想到这三八节的时候，说出这么让人感动的话，确实是老师教育有方啊！"从这件事上，我们可以看出，爱是相互的，爱是需要交流的，没想到一句暖心的话语，拉近了孩子与妈妈的距离，也拉近了家长与幼儿园的距离。

在主题活动《亲亲热热一家人》中，我请小朋友从家里带来全家福，并请家长把孩子在家尊重和关心成人的事告知老师，介绍给小朋友，在收集资料的过程中，幼儿的理解能力、口语表达能力、思维能力都得到了发展。同时进行了幼

儿的孝道教育，培养了小朋友尊敬老人、孝敬老人的美好情感。

家长委员会活动中，我们小班教研组的活动是包饺子。大家可高兴了，早早地来到了幼儿园。无论是大人还是小孩子，都干劲儿十足，家长带着自己的孩子一起包饺子，孩子们还真能干，包得有模有样，有些饺子比大人包得还要好。平常能力较差的孩子也变得积极性很高，不要爸爸妈妈帮忙，嘴里嚷着："我自己来，我能行。"在包饺子的活动中，家长和孩子的共同参与，增强了彼此间的交流与沟通，情感与能力得到了进一步发展。

案例

有一天，小班有个叫成成的小男孩在教室里和小朋友追逐打闹，不小心自己摔倒了，耳朵后面刮了一道口子，老师赶紧将成成带到校医务室消毒包扎，之后马上给成成的父母打电话，并将事情发生的经过原原本本地告诉家长，家长了解情况后并没有责怪老师："没事，我家孩子就是特别能跑，摔倒是很正常的现象，他自己这回可长记性了。"对于家长的理解，老师十分感激。孩子回家后，成成妈妈看着孩子耳后的伤，十分心疼，但是在孩子面前没有表现出来，只是问孩子："怎么摔的，疼不疼？"在家长的教育引导下，成成对别人说："是我自己不小心摔的，以后不能乱跑了。"

成成的话其实是在对自己进行自我教育，提醒自己以后要小心，不要再次摔倒，一听成成的话就知道，这是成成父母对他的教育和叮嘱。其实在幼儿园，孩子发生磕磕碰碰是一件十分平常的事情，这时候，家长放松的态度以及家长对孩子的警示教育要比教师的教育效果好。

案例

班里正在进行《方便的交通工具》主题教育活动，小朋友们通过活动了解了自行车、汽车、火车、轮船、飞机等多种交通工具，他们尤其对飞机最感兴趣，提出了一系列有趣的问题，如"飞机这么大，怎么飞起来的"，"飞机很重，驾驶员怎么把飞机开起来的"。正好明明的爸爸是飞行员，于是老师就邀请他来班里为小朋友解答疑惑，明明的爸爸非常愉快地答应了，他还带来了仿真飞机模型及视频资料，小朋友围着明明爸爸边听、边看、边摸，提出了很多有趣的问

题,明明特别自豪自己的爸爸能来幼儿园当老师,其他小朋友也希望自己的爸爸妈妈有机会来幼儿园当老师。

这个层次的合作,不再是让家长充当旁观者的身份,而是让家长真正地参与到幼儿园的工作中,比如说可以请家长到幼儿园来给孩子们上课、做保育老师照顾孩子等等,这样才能加深家长对幼儿园、对幼儿园教育的理解和感悟。在这些活动中教师要充分了解家长的职业、特长,借助家长的职业优势和业余特长,发挥家长优势资源。比如,可以邀请当医生的家长对孩子进行健康保健知识讲座;邀请从事珠宝销售的家长教孩子们编手链;邀请退休的爷爷奶奶来当一次义务保育员等等。

我园为了充分发挥家长的作用,建立了家长资源库,家长可以根据自己的职业优势或业余特长自愿报名参加。我园家长资源库中沁儿小朋友的爸爸是一名沙画师,于是我园利用一上午的时间,邀请沁儿的爸爸到学校的多功能报告厅为孩子们进行了美轮美奂的沙画表演,让孩子们可以有机会近距离地感受沙画的魅力,激发了孩子对美的感受和体验,丰富了幼儿的想象力和创造力。

2018年夏天,我园成功地开展了"夏之声"亲子艺术节,活动开始前,老师们利用微信、海报等形式向家长发出活动邀请,请家长根据自己的业余特长自愿报名,活动中,舞蹈、武术、京剧、歌唱等多种艺术形式赢得了孩子们的阵阵掌声。家长参与幼儿园活动,幼儿会感知到家长的不同职业与性格,幼儿的交往范围得以丰富,儿童能够以更宽、更广的视野了解社会,能够促进儿童社会性人格的充分发展。家长志愿者使幼儿感受到家长对自己的重视。活动使教师体会到家长对幼儿园的接纳,调动了幼儿在园生活与学习的积极性。

案 例

新学期伊始,又到了给幼儿园的孩子们定园服的时候了,家委会的爸爸妈妈们围坐在大会议室中讨论着园服的新款式,一一妈妈说:"这次的园服面料比较舒服,孩子穿着比较舒服。"喏喏妈妈说:"面料还行,就是园服的款式不太好看。"玲玲爸爸说:"这里不是还有几种园服方案吗,再看看别的。"飞飞妈妈说:"园服的码号准不准啊,我家孩子比较壮,要加肥加大的衣服才行呢。"厂家工作人员说:"衣服的码号很准的,也为孩子们准备了加大的衣服,你们选一

下衣服的样式，因为量比较大，尽早定下来，我们厂尽快生产。"——妈妈说："我看着这两套衣服可以。"涵涵妈妈说："我喜欢那一套。"于是家委会采取投票的方式，选出票数最多的一套衣服为新园服。——妈妈说："订一套园服真是太不容易了，有喜欢这套的，有喜欢那套的，众口难调啊，你们幼儿园老师面对更多家长的不同要求，真是辛苦啊。"

在家园合作的方式上，还可以让家长参与到幼儿园的主题教学活动和大型活动的策划中。比如幼儿园的主题活动内容可以有家长的参与并让家长在老师的指导下设计活动安排；幼儿园举行"六一"游园活动也可以让家长一起参与设计与组织。在"六一"活动中请家长一起策划参与，家长在这一活动中和教师一起设计游戏内容和规则，准备游戏玩具，并一起组织幼儿玩游戏。在这样的活动中家长感受到了幼儿园教师对幼儿游戏活动的一些理念和具体指导方法，对自己的家庭教育观念起到了更新和帮助作用，而家长由于能参与幼儿园的一些工作决策，对幼儿园的教育理念及教师的工作有了更进一步的认识，家园信息交流更畅通了，对于家园双方都有积极意义。

案例

一个星期六，李老师和丈夫在科技市场购买电脑时，遇到了航航的爸爸妈妈，原来航航的父母在科技市场有一个店铺，专卖电脑，在航航妈妈的询问之下，李老师告诉她，自己和丈夫来这里购买电脑。航航妈妈说："我们家卖的电脑都是品牌电脑，质量可以放心，以后有什么质量问题，我们家也给你包了，价格也给你优惠。"李老师觉得这样不太合适，但是航航妈妈说："反正买别人家的电脑也是买，还不如买我家的，也知根知底，不会骗你，而且物美价廉。"家长非常热情，李老师盛情难却就答应了。可是不久，航航就和其他的小朋友说："李老师家的电脑就是我家的。"于是，这件事就在小朋友和家长之间传开了，李老师非常苦恼，自己出钱购买的电脑却被认为是家长送的，就算辟谣也没有用，这件事闹得她非常不开心。

出于工作需要，幼儿园老师会经常与家长进行沟通交流，不可避免地会涉及工作以外的事情，所以老师一定要保持职业敏感，不断总结处世经验，把握好做人做事的分寸，当时就可以婉言谢绝家长的好意。比如案例中的李老师，她可以

推说买电脑是丈夫工作的需要，自己并不懂，由丈夫决定买什么样的电脑。为人处事的经验是一本无字之书，需要老师自己去体验、感悟，作为一名老师，不仅要业务熟练，也要会做人做事，成熟的处事之道，是幼儿教师的一门必修课。

案 例

晨晨妈妈参加了在幼儿园举办的亲子艺术节活动，节目表演完后，晨晨妈妈来到观众席，找到了晨晨所在的班级，对晨晨的班主任说："刚才在台上表演，实在太紧张了。"张老师对晨晨妈妈说："刚才在台上的表演太精彩了，一点儿也没有发现你紧张，孩子们一直在给你鼓掌呢。"聊着聊着就转移话题了。晨晨妈妈说："我觉得你性格脾气真好，我家孩子也特别喜欢你，你有没有对象啊，想要什么条件的对象，我认识一个不错的小伙子帮你介绍一下吧。"诸如此类的现象在幼儿园并不少见。

与家长沟通是一种人际交往活动，人际沟通与交往有三大基本动机：亲和动机、赞许动机和成就动机。不同的沟通动机有助于开展家长工作，幼儿教师大多以女性为主，而幼儿教师经常接触的孩子家长也大多以女性为主，女性之间的沟通比较热情、细腻、生活化，女性之间的话题除了工作和孩子的事情外，经常聊起服装、美容、瘦身等话题，其实这些话题在一定程度上能有利于融洽教师与家长的关系。但是，幼儿园教育的最终目的是使工作顺利开展、教师专业获得发展、孩子身心快乐发展，所以教师与家长沟通的动机应该首先是成就动机，即通过沟通追求工作优异、事业成功的愿望。家长在与教师沟通的过程中，都希望和教师拉近关系，家长的心情是可以理解的，在交流中老师也不适合直接拒绝谈论这些内容，但是应该注意沟通的时间、场所和内容，不宜在接待家长和带班的工作时间以及幼儿园工作场所交流这些话题。如果家长主动提及这些话题，教师可以礼貌地回应几句，然后说还要接待其他家长，等以后有机会再聊。

案 例

孙老师从幼师大专毕业，之后又函授了本科，已经工作五年了，她在与家长沟通中一直觉得有些力不从心，原来，她所在的幼儿园家长文化水平普遍较高，了解的知识信息非常广泛，在平时的沟通交流中，经常提出一些专业性的问题。

孙老师经常和同事诉苦："我们班有几个家长实在太难应付了，我和他们交流孩子的问题，也讲得一套一套的，比我说的还多，有时候说得还挺有道理，我都快被说服了。"于是同事都给她出主意，让她平时仔细观察这几个家长的孩子，针对孩子的行为表现，查阅一些专业的书籍、资料，并针对孩子的行为表现，为家长提供一些具体的指导建议，比如家长可以和孩子在家里玩的小游戏、小手工之类，将这些交流内容列成提纲，做好充足的交流准备之后，再与家长进行沟通。这样在与家长进行沟通时就会有理有据，很容易说服家长，自己也能取得家长的信任。

案例中，孙老师面临的问题是当今大多数幼儿教师在家长工作方面面临的一个现实问题，由于我国教育事业飞速发展，幼儿家长的文化水平越来越高，不少高学历的家长有自己的教育观念，甚至有些家长从事着教育工作，对教育有深刻的理解和感悟。加上现在的孩子多为一胎或二胎，家长对孩子的教育和发展十分关注。另一方面，由于我国幼儿教育事业起步晚，幼儿教育体制不完善，幼儿教师的学历进修和素质提升尚有待完善，在这种背景下，幼儿教师与家长沟通时面临着巨大的挑战，但是挑战中也蕴含着高效沟通、提升自我的机遇。

（三）教育幼儿是我们的专业

作为教师要耐心告诉家长运用科学的育儿方式去教育孩子。许多家长由于对孩子年龄特点不了解，不知道如何教育孩子。有时教育孩子的方式很不恰当，一味地溺爱，甚至放纵。教师是有一定育儿知识的专业人员，遇到问题应通过各种方式启发、引导家长，让他们了解孩子的身心特点，更新教育观念，掌握正确的育儿方法。

给孩子"犯错"的权利

童年需要"试误"。如果不允许孩子犯错误，犹如学走路的孩子不摔跤，那只是暂时的、表面的。对一个孩子的成长来说，自信平和比谨小慎微重要，凡事都好奇比凡事不出错重要，有自我选择的勇气比选择的正确更重要。

案例

我班曾有一个孩子，她跟小朋友一起玩时总是唯唯诺诺，别人叫她怎样她就怎样；在家画画时，她总是不断抬头看家长的表情，如果家长稍有不满，她就不敢往下画了。后来我了解到，她妈妈极其认真，对孩子的一切都精心安排、严格管理，反对纵容溺爱孩子。

从孩子的表现就可以看出家长的控制已经对孩子产生了不良的影响。这个只有4岁多的孩子还不具有理解世界的常识，也没有控制自己的能力，就被过度评价。年幼的她为了逃避惩罚，只有看着家长的脸色行事。

这位家长说她也经常夸奖孩子，但可以想象，一个不允许孩子犯错的母亲是不可能真正欣赏孩子的，她的夸奖只能发生在孩子所做所为令其满意时，这反而会导致孩子花更多的心思去揣摩和迎合家长，消耗自我成长的能量。

作为教师这个时候就要让家长了解到孩子不会不出错，心智不成熟的他们做事情犯错很正常。不许孩子"犯错误"，本质上就是剥夺了孩子自我成长的自由。这样会出现两种结果：孩子有可能"听话"了，变成了事事受人操纵的小木偶，也可能更不听话了。虽然两种表现不同，但背后的心理机制是一样的，即人的行为失去了自我把控力。失败是成功之母。只要没有生命和健康方面的危险，教师要引导家长做到放手，给孩子自由的空间，让他们去探索、去试误，这样更有利于孩子的成长。

案例

群体问题的指导

孩子们有一段时间不爱喝水，怎么能让幼儿从"要我喝水"变成"我要喝水"？我带领孩子们做实验——给植物浇水。一个月后孩子们发现，不浇水的和双倍浇水的植物都死了，而每天浇适量水的植物长得特别好，从而得出结论：人和植物一样都需要水分，不能太多，也不能太少，适量最好。请孩子回家和父母一起查阅资料，得出一般人大约每天要喝5杯水，并与孩子们达成共识。如何知道自己喝的水够不够呢？可以观察自己的尿液颜色深浅，颜色深说明喝得不够。于是，孩子们学会了在上厕所时，观察自己尿液的颜色，并据此调整自己的喝水量。老师只有了解了孩子的身心发展规律，才能给予孩子适宜的教育。

第三部分 家园共育——教师

老师还要根据不同年龄段的孩子特点，采用不同的策略。比如，可利用小班孩子爱模仿、对新鲜事物感兴趣的特点创设"干杯"等游戏情景，吸引孩子多喝水。中班孩子理解力逐渐增强，教师可以讲解多喝水与身体健康的关系，让孩子根据身体需要调整喝水量。要知道感冒发烧、小便发黄、吃了干硬食物时要多喝水，饭前半小时之内不要喝水，运动后休息一会儿再喝水等等。对于大班孩子，教师就可以引导他们记录自己一天的喝水量，从而培养良好的饮水习惯和健康的生活方式。

解决策略

（1）教师指导家长如何教育孩子。首先，家长要重视家庭教育。家庭教育是人生教育中的一个重要组成部分，它直接关系到人才的培养质量。家庭也是幼儿接受教育最早的地方，对他一生的发展具有决定性的作用，尤其是性格的形成以及行为素质的提高。孩子入园后，部分家长会将教育完全放手交给老师，自己放任不管当甩手掌柜，孩子的教育在家庭中得不到很好的延续，有的无原则地溺爱，还有的过度教育，这都违背了孩子的正常发展规律，阻碍和影响了孩子的正常发展。家长应积极配合幼儿园工作，幼儿园和家庭要紧密配合，相互沟通，为孩子的健康成长助力。

（2）让家长认识自己的孩子。我们老师一般都是通过约请家长或家访，与家长聊一聊孩子的事，让家长知道自己孩子的脾气、性格、爱好，有哪些优点、哪些缺点。了解孩子，才能有针对性地开展教育。掌握了孩子的特点后，在家庭教育上就可以扬长避短，可以促进孩子好习惯的养成。

（3）学会阅读。无数的经验表明，那些乐于学习、善于学习、不断提高自身修养、努力学习家庭教育基本知识的家长，在家庭教育中能更得心应手地处理各种棘手问题。教师可以利用召开"主题家长会"、听专题家庭教育报告、互动交流沟通等形式多样的活动，积极鼓励家长以各种方式学习家庭教育的理论和方法。

（4）尊重家长，向家长学习。家长和教师扮演着不同的社会角色，处于不同的社会环境，但在教育孩子方面具有互补的必要性和可能性。在指导家庭教育中，教师要充分尊重家长，向家长学习。我们既能够从家长身上获得大量信息，也能从家长的厚望中激起从事教育事业的责任心，家长也能从老师身上汲取教育孩子的知识和技能。

二、教师在家园共育中所需要的技能

（一）学会倾听

家园共育成功的经验证明，学会倾听，善于倾听，是教师成为家长亲密伙伴的一个重要条件，教师只有与家长坦诚相待，才能使家长视教师为倾诉的对象，敢于、乐于在教师面前讲真话，并做到"知无不言，言无不尽"，从而达成进一步的交流，促进幼儿园教养活动的顺利、持续发展。

案例

我们班的泽轩是个文静的孩子，平时也很少和老师主动交流，但是在新学期开始时，家长发现泽轩一紧张就开始结巴，为此她的妈妈感到很苦恼，带她去看医生，医生说只能通过平常说话时注意来矫正。

在晨间接园的时候，她的妈妈单独把这件事告诉了我，希望我可以多注意与孩子的交流，必要时要提醒她，但是又怕伤害到孩子的心灵。了解情况以后，我答应了她妈妈的请求，并让她不用担心，平时多和我交流泽轩的改变，我和她的妈妈一起去帮助泽轩改正。

经过一段时间的调整，我慢慢地增加泽轩展示自己的机会，锻炼她的心理承受能力，她不仅改掉了结巴的毛病，还变得越来越自信。此后，泽轩的妈妈除了积极地向教师反映女儿在家的各种表现以外，还能把她的各种疑惑和我进行交流。我觉得只有主动倾听家长的心声，家长才会积极配合园里的各种教育工作，真正实现家园共育。

人活在世界上，说和听是两件非常重要的本领。说主要是表达自己的想法；听，就是接受他人的想法，以达到沟通和交流的目的。其实，要想拥有良好的人际关系，学会与人交流，听比说更重要。听和说像是雄鹰的两只翅膀，必须协调展开，才能翱翔在人际交往的天空中。

倾听是一种能力，也是一种素养，人际交往成功的一个重要因素就是学会倾听。作为一名教师，面对不同的群体，更要具有超强的倾听能力。学会倾听家长、倾听孩子、倾听同事的声音，也是一种很重要的工作方法。

1. 倾听家长

家长们更愿意和一个"有相同故事"的人而不是一位专业人士，诉说他们自己教育孩子时出现的失误和困难。

学会做一个善于倾听家长意见的教师。在家长对你推心置腹时，不要带有任何主观的看法，而要集中智慧想出对他们教育孩子有益的方法或策略。我们很少对那些比我们能干的人说出心里话。我会常常问问自己：我是否鼓励家长们放心地来向我咨询、听取我的建议？我是否比较随和、善于与人交谈，并且不带有任何主观看法？

案例

倾听家长，让家长们愿意与你推心置腹

幼儿教师接受过专业培训，有着丰富的教学经验，但是我自己的两个孩子却给了我极大的挑战。当孩子犯错时，我会抑制不住自己的情绪发火。有一次，我站在楼梯的最后一级台阶前，朝着她俩大喊（根据我当时歇斯底里的程度，说"尖"叫都不为过）："你们为什么不听我的话去睡觉？我是老师，有那么多人来找我寻求帮助，而我居然治不了你们！"

漫画家麦尔·拉扎勒斯曾说过："将一个小孩子治得服服帖帖的秘诀就是不

要当他的父母。"面对别人的孩子时，人更能控制自己的情绪。然而，若是换成自己的孩子，情绪又会截然不同了。学校老师和幼儿之间的那种若即若离的关系正好成了教师成功管教幼儿的一个重要因素。

这些年来，我常常给学生家长讲我教育自己的孩子时出现的过失和失败之处，家长们也就不会觉得和我在一起不自在了。我并非圣贤，也会像其他人一样生气发火，也会有失误的时候。我坚信我的故事能让家长们更加信任我。

耐心倾听，了解家长诉求，并运用专业知识帮助家长解决问题。

当家长向教师寻求教育帮助时，教师应认真耐心倾听，帮助家长从专业知识方面给予家长有效的育儿方法和解决策略，赢得家长的信任和认可。

案例

小茹今天又迟到了。九点半，小茹妈妈急匆匆地拽着小茹走进教室。此时，我们正准备开始第二个教学活动。小茹妈妈一边抱怨了小茹，一边说："赶紧赶紧，要上课了。"中午，小茹妈妈又来找我说："老师，我们小茹做事情总是慢吞吞的，一大早起来，穿衣服、洗漱、吃饭，都很慢啊，尤其是吃个早饭，磨蹭了快1个小时。她都上大班了，这可怎么办呀？你帮我想想办法。"

在幼儿成长的过程中，尽管教师与家长都是幼儿成长的"重要他人"，但两者在幼儿的发展与教育中扮演的角色具有本质的区别。幼儿教师是专业的教育者，家长是非专职教育者。幼儿教师对幼儿行为问题的审视不同于家长。因此，当教师遇到寻求教育帮助的家长时，应以专业人员的身份来帮助家长，认真倾听，耐心引发家长对问题的正确认知。

解决策略

（1）营造平等和谐的氛围。当家长求助于教师时，教师要以平等诚恳的姿态，营造和谐的谈话氛围。教师和家长是教育的共同体，有着一致的教育对象与目标。教师帮助家长解决问题的过程，也是一个了解幼儿、了解家长、与家长互相沟通的过程。教师要尊重家长，理解家长的心情，通过交流尽可能多地了解信息，避免以自己为中心，站在居高临下的角度教育家长。

（2）运用专业的眼光引导家长分析问题。家长对幼儿行为问题的分析更多

地停留在现象和表面，对幼儿的担心更多的是感性的。专业的教育工作者则是站在客观的、理性的角度观察分析幼儿，运用专业的知识解读幼儿的问题行为。

（3）提高家长的自我认知水平。教师可以引导家长根据自己的家庭环境和人员结构情况讨论对策。比如：三代或四代同堂的家庭与核心家庭（爸爸、妈妈和孩子）解决问题的方式就不同。家长主观认可的策略和教师给予的策略在执行的过程中，效果会有所不同。

（4）教师不要急于给家长提各种解决问题的策略，而应以建议的方式帮助家长提高自我认知水平。当教师为家长提出各种策略时，注意策略的简易性和可操作性。切忌理论一大堆，方法不可行。

2. 倾听幼儿

《幼儿园教育指导纲要》语言领域中明确指出："注意倾听对方讲话，能理解日常用语……培养幼儿注意倾听的习惯，发展幼儿的语言理解能力。"可见，培养幼儿养成倾听的习惯是多么重要。

学会倾听幼儿，孩子每一个看似荒唐的问题，其实都是很好的教育契机。教师应站在幼儿的角度考虑问题，对于生活、学习的认知应站在低起点上，这样才能走进孩子心里，赢得孩子的信任，才能使自己的教育教学行为行之有效。

学会倾听是孩子愉快生活、学习的前提，是发展语言表达能力的基础。语言的学习是从倾听开始的，倾听是孩子获得的第一种语言技能。倾听习惯对每个人来说都是非常重要的，尤其是对正在汲取知识、学本领的孩子来说更重要。

教师要学会倾听幼儿，更要帮助幼儿学会倾听。孩子们只有懂得倾听、乐于倾听，并且善于倾听，才能更好地理解语言。

案 例

大概我平时对孩子要求不是太严格，而且与他们交流比较多，每次教育活动后孩子们总喜欢围在我身边说说家里发生的事，幼儿园里发生的事，小朋友之间的事等等。

一天，我班王方在喝水时突然叫道："王老师，我可不可以问你个问题？"

我笑着说："好啊！"

她问："为什么老师的杯子没有把儿，而小朋友的杯子有把儿？"

我说:"因为小朋友年龄小,杯子盛上热水后会很烫,为了避免小朋友烫伤所以杯子上面做了个把儿,而且拿起来非常方便。老师的杯子外壳很厚不太传热,老师又是大人,拿东西手抓得牢,所以就没做把儿。不过大人的杯子也有很多是有把儿的,也是为了拿的时候方便。"

我把这件事说给全班小朋友听,并对王方的做法进行了表扬。现在,很多孩子时不时跑到我身边问一些问题。王刚:"老师,轮船有轮子吗?"孙一凡:"人老了为什么要死?我不愿意妈妈、老师、奶奶死。"郑玮衡:"小朋友从哪里来呢?"……当然有些问题我们可以回答,有的问题我们也无法回答,或者即使回答了在孩子这个年龄段也不会理解,我们也应如实承认:老师也不知道,等你长大了去找出这个问题的答案吧。

解决策略

(1)老师不要表现出不耐烦。老师的不屑是扑灭学生天才火花的冷水。老师要学会倾听幼儿的心声。

(2)不要对喜欢提问题的孩子打击挖苦:"你怎么连这都不懂?笨死啦!""你有完没完啊?烦死了!"所有这些行为,都可能使本来有灵性的孩子变得迟钝呆板,所以,教师和家长面对孩子的好奇心必须有耐心。

(3)让孩子敢于质疑。有些西方国家,学校里的课堂气氛比较活跃,学生对老师的讲课内容会接二连三地提出诸多疑问。在美国的家庭中,许多家长问放学后孩子的第一句话往往是:"你今天课堂上向老师提了几个有意义的问题?"

(4)保护孩子的好奇心。孩子本身就具有好奇、探索的天性,如两三岁的小孩子就爱问:"这是什么?""那是什么?"孩子开始用好奇心注视着外界,试图了解某些现象的原因和因果联系,这正是增强孩子求知欲、思考力的大好时机。

在幼儿园里,我们老师经常会遇见这样的情况:老师在组织孩子进行集体教学活动时,有的幼儿在一边低头玩儿小东西、有的交头接耳;老师提问时,有的孩子不知如何开口,有的孩子答非所问,更多的时候是叽叽喳喳争着发言;老师讲话时话还没有说完,有的幼儿就插进话来,打断老师的话,把话题扯得远远的……在做数学练习的时候,老师在讲,有的孩子东张西望,很多时候往往不能按

时按要求完成练习，从而影响了学习效果。

案 例

小哲是个六岁的可爱小男孩儿，表现欲望非常强烈，语言表述能力较强，聪明、思维敏捷，反应比较快，爱提问题，性格开朗，比较爱和同伴交流。但是，有一个问题是让老师比较头疼的：他在课堂上总是抢着回答问题，甚至不等老师把话说完，就着急地抢话。从不给其他孩子一点儿机会。日常生活中他很少耐心听别人说话，总是一味急于自己表达。通过日常与家长交流，我发现小哲妈妈性子比较急，而且对这方面的培养也不太重视，总觉得孩子还小，他想怎么说就怎么说，长大自然会好了。

解决策略

（1）在班级教学活动中也经常看到这样的场面：教师把问题抛给孩子，孩子们也会争先恐后地回答。很多时候教师不得不为此停止当下的教学活动来维持纪律。这种形式看似达到了很好的互动交流，但是是以牺牲有效倾听为代价。因此要培养孩子倾听的习惯。

（2）倾听是一种技巧，更是一种修养、一门艺术。它是一项复杂的心智活动，有了倾听的欲望和热情，并不代表孩子就会倾听了。因此，我们必须教给孩子正确有效的倾听方法，让孩子善于倾听。

（3）从孩子感兴趣的故事、儿歌入手，用一些游戏来训练孩子。如传话游戏，做相反动作游戏，故意念错、设置问题、求异法，表演哑语等游戏。

（4）教师要以身作则，用榜样的力量影响孩子。教师要让孩子学会听自己说话，首先要学会听孩子讲话，当孩子向你诉说一件事情时老师应耐心听完并作出相应的答复。

（5）教师应多表扬、正面鼓励孩子。如"某某小朋友听得最认真，某某小朋友听清老师的问题去回答了"。

（6）孩子回答老师问题时不能重复前面小朋友的答案，要建立好的课堂常规，让孩子学会等待，养成不随意插话的好习惯。其次，教师的要求应明确到位、语言简明扼要。

(7) 教育孩子在别人讲话时，不随意插嘴、打断别人讲话。让孩子懂得分辨插话的时机，养成把话听完并征得讲话人同意再说的习惯。在集体活动中，控制过分的表现欲，既要自己讲，也要让同伴讲，明白寻找恰当机会表现自己才会给人留下好印象。

3. 倾听同事

认真倾听同事，避免误会，与同事友好相处。

同事是在一个单位共同工作并且朝夕相处的人。"君子之交淡如水"这句话运用在同事间的关系上最适合不过。幼儿园教师众多，相互之间又具竞争性。在一起共事，利益关系最为明显，冲突也最容易发生，因此同事之间关系微妙，有时难以交朋友和产生真正的友谊。能够结识一位知己很难得，淡淡相处而又不至于彼此伤害，这才是明智之举。

案 例

傍晚，大家都坐在活动室里，有的老师在备课，有的在看书。突然，李老师气冲冲地向我走来，说："大家听我说一件事情。"大家的注意力一下子被她吸引了，都问："什么事呀？"李老师走到我面前，谩骂道："我现在终于认识你了，你是一个小人，一个无耻的人……"大家都愣住了。

看着眼前骂骂咧咧的李老师，我傻眼了！怎么回事，李老师为什么要这样无端地骂我，我的脑海里迅速回忆这两天发生的每一件事情，似乎没有什么问题呀。李老师谩骂已经上升至人身攻击了，如果我和她争执、对骂的话，就让我从受害者变成了吵架的人。我不如冷静地听听她究竟想说什么。于是，我镇静地看着她，以最大的耐心克制住自己的情绪，任凭她歇斯底里地发作。大约过了10分钟，她开始放慢了语速，我没有解释，安静地起身走出了活动室，来到园长室找到园长，在看到园长的一刹那，我的眼泪忍不住落了下来，我把刚才的情形一五一十地告诉了园长，园长也很气愤，表示一定会找李老师谈谈，消除我们之间的误会。

解决策略

人与人之间偶尔会产生一些误会，误会产生的原因有以下几个：一是对方不了解真实情况或不了解事情的来龙去脉，只看到表面现象或对某些传言信以为

真。二是可能存在偏见或戒心。在信息交流或人际沟通中，不根据客观情况，习惯于以自己为准则，对不利于自己的信息要么视而不见，要么熟视无睹，甚至颠倒黑白，用自以为是的片断信息把思考的空隙填满。当心情不好的时候，什么也听不进去，什么也看不进去。如果这个时候进行沟通，效果就会受到影响。这时，被误会的教师就要控制好自己的情绪，应冷静地面对这种局面。当同事之间产生误会并升级到如同案例中的情形时，我们可以从以下几个方面来应对：

（1）反思自己是否有做的不恰当或错误的地方。当人的内心需要发泄愤怒时，一定是遇到了什么特殊事件，而事件的另一方也许是无意的，从而产生误会，因此，反思自己的行为非常重要。

（2）适时回避。有时候回避会避免双方受到更深的伤害。回避不一定代表你的懦弱或者有错，而是体现了你内心的强大与宽容，正确与否并不一定由你说了算，但周围的人是最能明辨是非的。

（3）寻求适当的帮助。在工作中遇到的问题，教师寻求领导的帮助与支持是最重要的。以事实为根据是解决问题的根本。如果遇到胡搅蛮缠的人，那就更不用去理会了。

（4）真诚相对。如果是由于误会引起，那就不会有解决不了的问题。与其他教师心平气和地坐下来交流，说出自己的想法，只要你真诚地沟通，把事情的来龙去脉说清楚，就一定会消除误会，获得谅解，冰释前嫌。

（二）学会沟通

从孩子走进幼儿园的那一刻，就决定了幼儿园与家庭要共同肩负起促进孩子健康成长的责任，也意味着双方建立了合作互助的伙伴关系。只有家园携手合作，才能引领孩子渡过一个又一个难关，促进孩子身心健康发展。

案例

新生入园时许多孩子有哭闹现象，有个小女孩在入园后两周哭闹现象还很严

重,我们经过观察发现,孩子的姥姥来送孩子时,孩子的情绪容易失控。于是,我们积极地找孩子妈妈约谈,了解到孩子从小由姥姥细致周到地照顾,导致孩子对姥姥特别依恋。我们建议她暂时换人送孩子入园,以保证孩子入园时的情绪稳定。

新生家长刚开始对幼儿园的一日生活不太了解时,有特别多的疑虑,针对新生家长最关心的问题:家长离开后孩子有没有哭闹?孩子在幼儿园能不能吃饱?午睡能不能盖好被子?有没有和小朋友一起参加游戏?等等,我们都会有针对性地约谈家长,进行及时有效的沟通和交流,解答家长的困惑,来帮助建立良好的家园关系以促进孩子各方面健康发展。

1. 教师与幼儿沟通

幼儿是教师的教育对象,是教师行为的直接接受者。教师与幼儿的沟通是否有效,直接关系到教育效果的好坏。

(1) 注意和孩子说话的声音要轻柔,表情和善,态度和蔼,要对孩子经常保持微笑,特别是晨间接园时老师要面带微笑迎接每一个孩子,用行动向孩子传达自己的爱意。蹲下来和孩子说话,与孩子平视,经常做一些爱抚的动作,如抱抱她、摸摸他的头。还可以经常说一些鼓励的话,让孩子时刻感受到你是他们的支持者,他们才会越来越喜欢你。特别是刚入园的小班孩子,刚进入一个陌生的环境,对什么都是陌生的,这样的情况会让孩子极容易产生对幼儿园的恐惧,所以孩子更需要老师的爱抚,特别是肢体上的拥抱、摸摸头、拉拉手等等,都可以给孩子一种情感上的慰藉。

(2) 主动关注孩子喜欢的事情,掌握孩子的一些基本情况,经常与孩子聊一些他们感兴趣的话题。如他们喜欢的动画片里的角色,喜欢看的图画书,爱玩的游戏以及家里发生的有趣的事情。

(3) 加强自身素质,多练习一些孩子喜欢的"本事",如讲故事、画画、下棋、跳舞等。时常向孩子秀一下自己的绝技,孩子一定会更喜欢你。

(4) 和孩子交谈之前,老师要将自己的成人化语言转化成孩子可以接受的语言,经常和孩子一起谈论他们感兴趣的话题,并用孩子能听得懂的语言,也可以多听听孩子之间的对话,从中了解孩子的喜好和需求。

(5) 与孩子交谈时,顾及孩子的接受程度,语速舒缓有效,语气尽量柔和,

多使用"呀、啊、呢、啦"等语气词,以渲染情绪,让孩子更易理解。和孩子交谈时表情大方,用商量的口气和孩子谈话,谈话时保持脸带微笑,主动热情,让孩子感觉你很容易亲近。如:"灵泉,今天我们两个打过招呼了吗?噢,还没有啊。哦,我先开始,灵泉早上好啊,你能帮老师个忙吗?谢谢你啊!"

(6)与孩子沟通时不要只顾自己说话,要看看孩子的神情、反应和情绪,判断一下孩子是否想说,是否愿意说,用丰富的语言与孩子交谈,不要只说一个词语表达自己的感受,平时老师多阅读、多倾听,丰富自己的语言内容,让孩子对你说的话感兴趣。

(7)孩子是一个独立的人,应尊重孩子,无论教师还是家长在和孩子说话时不可用命令的语气,也不要用强制的语言,而应该站在孩子的角度,请孩子发表自己的想法,再加以引导,用商量性的语言和孩子交流,才能让孩子感受到被尊重,孩子才乐意接受。

2. 与家长进行沟通

作为一名幼儿教师,除了与孩子相处之外,还应花费很长时间与家长打交道,与家长进行有效沟通,这是整个工作开展顺利与否的关键之一。

(1)可以利用早上入园时和家长交流孩子前一日的在家表现情况,特别记住身体不舒服的孩子家长的要求,注意聆听家长告知的注意事项并记录在晨检记录本上。离园时个别交流:重点交流特别的几个孩子当日在园情况,特别是有磕碰现象的孩子。

(2)利用家园练习册间接地与个别孩子交流,反映幼儿在幼儿园的一些情况和表现。和家长共同探讨一些问题。注意提前观察孩子的表现,包括表现好的方面及需要家长配合的方面。

(3)利用家园联系栏进行展示、提醒、分享,提供一周的活动安排,请家长参与幼儿的活动,或告知家园需要合作的内容,提供一些有关幼儿成长和家教方面的文章。

(4)家长会集中交流幼儿园或班级的共性问题,交流这一阶段孩子在幼儿园的表现和这一阶段的保教重点,探讨孩子教养方面的经验和困惑。

(5)有针对性地进行家访,了解班级孩子的家庭背景,以及家庭对孩子的教育理念。

（6）利用电话、短信及微信交流。针对不经常来园或生病好几天没入园的孩子，可以采用打电话或发微信的形式，了解一下孩子在家的情况，和家长交流一下，表示对孩子的关切之情，拉近老师和家长的关系。

（7）面对愤怒的家长，要先倾听家长的倾诉，让他把怨气发泄出来，等家长的情绪稍微平静后再对家长的话进行总结。从家长的角度出发，理解家长的委屈，得到家长认可后，再从自己的观点出发，把事情的来龙去脉讲清楚并分析各种后果和可能，再委婉、诚恳地跟家长提出解决问题的建议。

3. 教师和同事之间的沟通

同一所幼儿园里，幼儿教师可能来自五湖四海，其家庭背景、受教育程度、兴趣爱好及观念的差异会促使教师形成各种各样的思维方式、工作方法、处事习惯等。如何积极地表现出自己的诚意，在心灵沟通的基础上建立良好的同事关系，如何交换意见，在平等互动的基础上发展良好的同事关系，如何默契配合，在工作中保持良好的同事关系尤为重要。

（1）诚意沟通。真诚地对待同事，在语言上的相互理解、体谅、认同、支持和信任，与同事之间的沟通是平等、互动、双向的沟通，彼此之间要相互尊重，肯定对方，以诚相见，理解对方。遇事懂得换位思考，多站在对方的角度看待问题。

（2）彼此尊重。与同事相处过程中，应该相互尊重，这是做人最起码的道德底线，也是必不可少的素质之一。在尊重别人的同时，也能得到别人对自己的尊重，只有相互尊重，才能形成积极的心理动力，才能相对容易地从情感上接受对方的思想、语言、行为的影响。

（3）不要纠结小事情。只要大家对班级、对孩子、对家长尽心尽力地去工作，即使有一些不如意的事情，只要不是原则上的问题，就不要太多地去指责和计较，只要相互提醒就可以了。

（4）放下自己的成见。不要因为一些小事而与同事产生不必要的隔阂，应该多与同事交流，了解同事的想法，主动寻找自己和同事在各种问题中的结合点，使大家的思想感情能融合在一起。

（5）相信同事的能力。在班级工作中，千万不要以为只有自己才能把工作做好，要相信同事的能力，相信只要大家都为班集体出力，就能够形成一股合

力，共同做好班级工作。

（6）要有宽容别人的心态。在幼儿园里，几乎全是女同事，在相处的时候容易因为一些小事情而产生矛盾，这样就会影响到同事之间的友好关系。因此，幼儿教师拥有宽容的胸怀很重要，要做到在大事上清醒一些，小事上糊涂一些。

（7）主动从自己身上寻找原因。幼儿园的工作很琐碎，有时候我们难免因为忙乱而忽略了一些事情。在遇到问题时，我们应先从自己的身上寻找原因，这样就能减少很多不必要的误会和麻烦。要多想想"如果是我，我会怎么样"。

（三）学会发现并解决问题

目前，很多家长忙于工作，成年人的精神压力正随着社会竞争压力的增大而不断增大，而父母又不自觉地通过家庭环境把这种紧张气氛传给子女，导致孩子心理问题越来越多。在孩子出现心理问题的家庭里，负面的东西太多，积极的娱乐、情感交流和家庭共享时光太少，导致孩子心理问题增加，如果不及时纠正，随着激烈的社会竞争施加压力于父母，父母又在教养孩子的过程中把心理危机、心理污染传给孩子，就会加重孩子的"问题"。如果造成恶性循环，会影响到"问题孩子"的康复甚至使孩子康复的希望降到最低。

案 例

班里有个叫静怡的孩子，性格自闭，不喜欢与人交流，也不愿意参加班里的活动。每次妈妈来幼儿园参加活动，她都显得很紧张，总是低着头咬手指头。妈妈看到她这样就发疯似地批评她，骂她不争气。这进一步使孩子变得更加害怕和自我封闭。

我们老师积极地疏通做好家长沟通工作。了解到静怡的爸爸和妈妈离婚了，静怡妈妈经常对静怡说"你是个缺少父爱的苦命孩子，我和你爸爸离婚，让你受委屈了，你和别的孩子不一样，从小就没爸爸管你，我把你养大不容易，你要好好学习。为了你，我离婚后没再结婚，你可别辜负了我的一片苦心，你是我唯一

的希望和寄托"之类的话。导致孩子心理压力过大,怕做不好事情,干脆什么都不做。

解决策略

（1）当孩子出现问题时,教师和家长千万不要采用简单粗暴的教育方法对待孩子,要与孩子多交谈,交谈时要晓之以理、动之以情,打消孩子的思想顾虑,使他们觉得家长可亲、可信、可爱,逐渐乐于接受家长的教育。

（2）要让孩子有机会说出自己的心里话,并细心地从孩子的话中找到问题的根源,这些做法为有效地帮助孩子摆脱问题困扰奠定了一个良好的基础。

（3）不但要对孩子进行教育,还要耐心地等待他们的进步,不可操之过急,更不能因为一段时间的努力后没有明显成效就认为孩子已经失去"康复"的可能,轻易放弃"治疗"和训练。

（4）幼儿园在对孩子进行教育的同时,还要加强对家长的教育,形成家庭、幼儿园教育的合力,这对于孩子而言更加重要。

（5）幼儿园老师要对孩子定期进行家访,也可以请家长到幼儿园观察孩子的当前情况,双方都要及时掌握孩子的最新动态,这是纠正、辅助孩子改掉不良行为的第一手资料,是治疗方案有效到位的依据。

案 例

在星期二的下午我们区域活动时,我发现浩浩小朋友用命令的口气对小朋友讲话。如"嘉琪给我拿油画棒来,依琳给我拿着我的魔尺"等等。

针对班级的这种状况,我分析了各种原因。

（1）幼儿以自我为中心,不替别的幼儿着想,幼儿的行为动机初始一般都是"为我"而不是"为他"。4—5岁的幼儿是自我保护意识产生的阶段,自我意识产生之后,幼儿更多地注意"我的观察""我的能量""我的作用",这一时期"自我中心"占了上风,所以4—5岁的孩子都是从自我出发来进行选取和活动的,他们往往不去思考别人,不去考虑别人的感受。

（2）孩子的模仿是无意识的,整个模仿的过程是潜移默化的。长大后,行为习惯、思考方式、性格品质,都比较像他（她）最亲近的人,所以为孩子提

供一个良好的环境非常重要。其实不怕孩子跟别的孩子学，关键是要看他（她）模仿了什么。如果内容不好、习惯不好，比如说脏话、打人、不文明友好，就需要家长积极地改变环境，让孩子在良好的氛围中进行模仿。而父母就是这个最大的环境。在孩子成长过程中，父母的一言一行都会对孩子产生深远的影响。许多时候，我们往往注重对孩子的说教而忽视自身的行为规范，俗话说正人先正己，身教永远大于言传。幼儿受到家庭的影响，家庭成员间进行语言交流，往往认为自己不必客气，常常有意无意地以命令式的口气说话，给孩子造成了不良影响。

（3）情绪的好坏也能影响孩子说话的口气，幼儿行为很少受理智控制，主要受情境和情绪的影响。

解决策略

（1）教师在班里更应注意从自身做起，避免用命令的口气对幼儿讲话，创造出一种民主、礼貌、和谐的气氛，并且对幼儿给予更多的关怀、爱护。

（2）耐心细致地给幼儿讲道理，让他们懂得人和人之间是平等的，请别人帮忙就应礼貌待人，人家才乐意帮你，如果说话像下命令别人会厌恶，不愿帮忙。

（3）讲故事、做游戏等方式引导孩子想到他人、认识他人、理解他人、同情他人。然后要在一日活动中我们要时刻保持高度的敏感性，随时纠正幼儿命令式的讲话。

（4）如果发现幼儿是在情绪不好时命令别人，老师就告诉他："心里有什么不高兴的事就告诉老师，用命令式的口气讲话不但解决不了问题，还把情绪带给别人。"

案 例

记得小班幼儿刚入园的时候，诺诺就不爱说话，不仅是跟老师，跟小朋友也不交流，有时候一整天都听不到诺诺的声音。向家长了解情况，家长说诺诺在家也不爱说话，即使说话了，也是听不出他到底在嘀咕什么。一段时间下来，家长一直认为他是语言发育迟缓，而且去医院查也没有查出什么问题。确实诺诺在我们班的年龄是最小的，而各个方面的能力都和别人有相当大的一段距离，平时很多事情都要我们老师包办代替，这样下去对他的发展极为不利。

解决策略

（1）教师应从生活上多关心帮助孩子，逐渐消除孩子对幼儿园老师和小朋友的陌生感和恐惧感。每天入园时，我都会热情地与诺诺打招呼，亲切地同他谈话，询问他："你有没有吃早餐？""你早餐吃了什么呀？""这件衣服真好看，是谁买的？"等等，使他觉得我像家人一样在乎他，没有忽视他的存在。

（2）在许多事情上对孩子一视同仁，比如在点名的时候，也一样要求他说："到！""我在这里！"虽然第一次他说"我在这里"的时候，口齿很不清楚，声音也很轻，但是我还是很兴奋，奖励了他一颗大大的五角星。

（3）多关心，多关注。在上课的时候，我也常常会问问他："诺诺，听懂了吗？""诺诺，你来说一说！"每次帮孩子穿衣服的时候，也会悄悄地和他说上几句话，和他谈谈，逐渐地拉近彼此的距离。

（4）加强与家园之间的联系、沟通。诺诺一直是奶奶接送的，在家庭教育问题上，我觉得父母亲给予他的关注不够。家长对孩子说话能力这方面的问题也比较敏感，所以我想应该多利用一些适宜的机会，和家长多多交流沟通，帮助诺诺渐渐摆脱不能说、不敢说、不爱说的恶性循环。

案 例

我们小班下学期转来了个小男孩佳佳，很活泼可爱，就是有点羞涩，不喜欢说话。入园一段时间后我发现，佳佳从来不在幼儿园大便，而且小便的次数也很少，几乎都是尿到裤子里，即便不尿到裤子里也多少会尿到裤子上面一点。通过与家长交流，了解到原来孩子从小就是爸爸妈妈帮忙脱裤子上厕所，在原来的幼儿园也是老师帮忙而且也是经常尿裤子，因为他自己不会脱裤子。加之刚来我们幼儿园，面对新的老师、小朋友和新的环境，会更加不好意思表达，甚至遇事会紧张。久而久之，也就对如厕有了排斥心理，多数都是憋着或者尿裤子里，甚至于多次向家长表达不愿意上幼儿园了。

解决策略

在《幼儿园生活活动整体方案》一书中，对幼儿园的生活活动有这样的阐述：

幼儿园的生活活动包含入园、盥洗、进餐、如厕、喝水、户外、午睡、离园八大环节。而"上厕所"属于幼儿园生活活动如厕环节的重要内容。书中建议将幼儿生活活动的系统培养目标从四个方面来界定，分别是生活习惯、生活能力、安全自护和适应集体。

如果孩子超过了三四岁还不懂得如何上厕所，经常拉裤子、尿裤子，尤其是早龄入园的孩子，会感到非常羞耻，同时还要面临被排斥和嘲笑的压力。身边也有不少的孩子因为如厕问题被取笑而拒绝上学；或是因为被嘲笑而憋尿、憋大便。所以如果孩子到了年龄还不会自己上厕所不但会给大人带来不便，更重要的是孩子自己的社交以及自尊等都会受到伤害。

在佳佳尿裤子的时候，我对佳佳说："没关系，我帮你换下来。"请佳佳尝试跟我一起清理，这样不会使孩子产生自责和羞愧的感受。之后请班中自理能力强的一个小男生给佳佳耐心地讲解脱裤子的方法，并且请求家长的配合，在家中让孩子的爸爸教导他如厕的方法。带着佳佳逐渐适应新的环境，而且请我们班能力比较强的几个孩子带着佳佳一起玩耍和如厕，告诉佳佳，如果想上厕所了可以告诉小朋友或者老师。

经过一段时间的锻炼，佳佳已经能够独立地如厕，再也没有尿过裤子。而且也很好地融入了我们这个大家庭，性格渐渐开朗起来，在班级中经常能听到佳佳爽朗的笑声了，看来他在我们班集体中很开心。

三、家访

在家园共育各项工作中，活动形式是最多样、最灵活，也最富于变化的。正是丰富多彩的活动形式，使得教师教育观念的转变有了落实的渠道，使得家长的教育资源优势得以发挥，使得家园共育工作的成就得以展现。这些形式，有对传统方式的完善与改变，有在新理念下的形式创新。希望这些经验对学前教育的从教者有所启发和借鉴。

幼儿园新《纲要》指出："家庭是幼儿园的重要伙伴。"坚持尊重、平等、合作的原则，努力争取家长的理解、支持和积极参与，积极支持和帮助家长提高教育能力。俗话说："情感是教育的桥梁"。平时，我们虽然每天都会与家长沟通，也会对有特殊情况没来园的家长进行电话家访。但是，走进孩子们的家庭，与孩子的家长进行面对面家访，总能让我感觉到电话访问无法达到的效果。面对面的交谈和电话不见面，感觉和效果是不同的。与早晨的匆忙交流相比，走进家庭可以更仔细地倾听父母的心声，更好地表达我们对父母和孩子的看法。更及时地了解幼儿的学习和生活情况以及思想动态，让每个孩子在家继续享受幼儿园教师的关爱，更能取得家长对幼儿园和教师的理解和支持，融洽老师和家长之间的关系。

期初家访工作

本时间段的家访工作重点将放在新生与那些适应能力较差、不能很好过渡到

中班教学上的孩子。

家访工作的具体内容如下：

（1）孩子的生活习惯（大小便是否能够自理，衣服是否能够自己穿脱、在家的作息情况等等）。如果遇到孩子自理能力较差的，平时在园要多给予一些帮助，同时也多争取家长的配合，家长不要万事包办，要多留给孩子一些动手的机会。

（2）了解孩子的个别情况（孩子对哪些食物过敏、孩子对哪些药物过敏等等）。了解的这些情况应详细记录，同时在执行的过程中也要格外细心。

（3）了解孩子的兴趣爱好。

（4）与孩子建立初步的友谊，让孩子与老师成为好朋友，更快地融入到我们这个大集体中。

期中家访工作

本时间段的家访工作将放在那些有突发事件的孩子身上。随着教育工作的全面展开，孩子在教学与生活中肯定会遇到一些问题。我们应密切关注，寻找原因。在园内能解决的尽量解决，如需家长配合的，应及时与家长取得联系。让他们了解这一阶段的教学重点与生活技能、运动技能等需完成的目标，通过其他孩子与自身进行横向与纵向的比较，让他们发现孩子的优点与不足，及时地给予帮助与支持。

期末家访工作

本时间段的家访工作重点将放在本学期没有达成个别教育目标的孩子身上。我们将总结孩子这一学期的情况，了解孩子为何没有达成预期目标，同时也制订出切实可行的下一阶段教育目标，展望新学期！

家访工作中应注意以下问题：

（1）在家访时，多让家长介绍有关幼儿兴趣和能力方面的情况。

（2）幼儿存在的问题在家访时一定要提出来，但要婉转地提出。家访时间不宜过长。

（3）家访时幼儿一定要在场，但要消除幼儿的紧张感。

（4）对住得比较近的孩子集中在一起进行家访，这样可以缩短教师家访的时间。

首先，家庭访问有助于更详细地了解幼儿的家庭状况和幼儿在各个方面的表现。通过家庭访问，教师可以了解孩子的学习情况、孩子的生活状况、智力水平、孩子的习惯和兴趣等，也可以了解父母对孩子的态度和方法，并采取适当指导。在谈话中，教师真诚的态度和亲切的话语可以使整个家庭的气氛友好，彼此之间的距离拉得更近，使家长能够更了解、尊重和信任老师。在家庭访问中，一些通常不讨论的话题可以在家庭访问中交流。

家庭访问是评价教师工作有效性的独特方式。如果家长欢迎你的来访，家长对你的工作会比较满意。反之，它表明你的工作有不足之处。这就要求我们认真地接受、分析和改进工作方法。

在实践中，我认为以下类型的家访更有效。

1. 新生家庭访问

对于刚入园的新生，我们需要到家拜访，了解孩子的家庭教育环境，询问孩子的性格和爱好，做好联系，让他喜欢你、靠近你，消除陌生的感觉和恐惧感。在家访中，还必须记录好孩子身体的特殊疾病、个人的需要、最喜欢的和最害怕的事物，以及新生的适应情况：他们是否喜欢上幼儿园，有没有不同的习惯，需要父母通力合作，从而建立起教师和孩子的情感。有目的、有计划地在幼儿园对孩子各方面进行教育。

（1）新生的身体健康状况。由于孩子的年龄所限，他们不能很好地表达自己的疾病。因此，教师应该首先了解孩子的健康状况以及他们生病时的应对方法。同时，我们也要知道儿童是否有食物和药物过敏史。

（2）新生的性格特征。这对帮助孩子尽快适应幼儿园生活是非常重要的。了解新生的性格特点，与家长商讨适合孩子的教育方法，与家庭合作，帮助孩子尽快适应幼儿园的环境，开始快乐的幼儿园生活。

（3）新生自理能力的发展情况。包括吃饭、穿衣、洗脸、刷牙、独自上厕所等等。

（4）家访期间，我们也要根据幼儿的发展和幼儿园工作的现状提出一些建议。

①培养孩子的自理能力。从生活的最基本方面出发，让家长意识到培养孩子的自理能力也是重要的教育目标之一。

②让幼儿的作息规律逐步向幼儿园靠拢。很多孩子在家里作息都很不规律，所以去幼儿园不适应，中午不睡觉，下午很难受，孩子们会闹情绪，活动时注意力不集中。

③宣传幼儿园的办学理念，让家长对幼儿园教育教学工作有一个初步的了解，并在今后的工作中支持和配合。

④在家里要创造机会，在大人的监督下，让孩子接触其他孩子，在与同伴的共同活动中学习交流，让孩子的社会性得以发展。

⑤不要用幼儿园吓唬孩子。有些家长当孩子哭的时候就用上幼儿园来吓唬孩子。随着时间的推移，这成为一种心理暗示，在孩子的意识中，幼儿园变成了一个可怕的地方。基于家长对幼儿园教育教学的认识，我们建议家长把幼儿园作为对孩子的一种鼓励和欣赏，让孩子们形成一种心理暗示，上幼儿园是一件快乐的事情。这里有很多好的玩具和小伙伴，只有表现好的孩子们才可以得到上幼儿园的奖励，以提高幼儿对上幼儿园的积极性。

案 例

家访的目的： 希望通过家访帮助孩子提高自理能力，使他们能够尽快适应幼儿园集体生活。

解决的主要问题： 王文轩小朋友入园一周多了，情绪还不够稳定，自理能力弱。各种活动需要老师多次提醒和陪同。否则，他会坐在椅子上一动不动，喝水、如厕需要老师提醒和帮助，吃饭需要老师喂。户外活动时不敢玩滑梯。当老

师稍不注意他就跑开了。我觉得这孩子心理年龄比实际年龄要小。通过家访和家长讨论孩子在幼儿园里的情况，先谈谈好的和不合适的地方，让他们的父母了解幼儿园里孩子的情况；然后向父母了解家里孩子的情况。通过了解，发现在家里孩子所有的事情都是妈妈包办，孩子们不需要做任何事情，所以造成孩子现在的状况。通过本次家访进一步交流，家长明白了老师家访的初衷，并表示极力配合老师，提高孩子的自理能力。

2. 定期家访

定期家访是对每个家庭的定期拜访。从班级中每个孩子的发展水平、家庭的表现、情感的近期变化等方面看，教师可以及时与家长沟通，以家庭访问的形式到访，赢得家长对教师的信任、理解和支持。这种形式的家访通常在学期开始和学期结束时进行效果较好。

案例

家访的目的：让孩子养成良好的学习习惯。

家访记录：李然聪明、活泼、外向，学东西很快。总的来说，各个方面还是不错的。但近几周来上课注意力不集中，总是和旁边的孩子聊天。今天下午放学后，我和李然的妈妈谈了谈。她说："我平常很忙。他的父亲忙于工作，没有时间管他。"我说："你们再忙，也不能不关心孩子，就要升入小学一年级，让孩子养成良好的学习习惯非常重要。"然后我又通过对孩子现状的分析结合孩子现在的年龄特点，和她妈妈进行了进一步的交流。最后孩子妈妈说："感谢老师认真负责地对待我家孩子，以后我们一定多抽时间陪伴孩子，多与老师交流，让孩子健康活泼地成长，并养成良好的学习习惯。"

通过这次家访，家长了解了孩子们在幼儿园里的真实情况，并在一定程度上提醒家长尽量培养孩子良好的学习习惯。因为良好的学习习惯让孩子受益终生，同时也让家长了解了培养良好学习习惯的重要性。

第三部分　家园共育——教师

案例

家访的目的： 在最近阶段，刘航宇在课堂上积极动脑，认真思考老师的问题，经常能积极举手回答问题。

家访记录： 刘航宇比较外向、活泼、好动，但太调皮。他上课时的行为习惯不是特别好。与父母交谈后得知，父母工作太忙，没有太多的时间来教育他，通过本次家访，他们表示将关注孩子的教育。最近刘航宇取得了很大进步。

这次家访让我感觉到，良好的学习习惯有益于幼儿终生，让家长了解培养良好学习习惯的重要性，家园配合，让孩子更好地成长。

3. 情感家庭访视

情感家庭拜访是为了表达对孩子和父母的情感，并进一步建立情感联系。这种访问是因人因事的非定期访问。如拜访生病的孩子或父母，单亲家庭的孩子等。

我班的洋洋是单亲家庭的孩子，他和妈妈住在一起。洋洋妈妈平时也不爱与老师和其他家长说话。一天，当我得知洋洋妈妈生病时，下班后特意打电话给她，顺便去她家里慰问了一下，洋洋妈妈看到我后感动得不知说什么好了。从那以后，洋洋妈妈见了老师亲近了，话也多了，现在与我是很好的朋友。因此，我认为情感家庭访问是促进教师和儿童、教师和家长之间情感发展的一种非常有效的方式。

案例

2016年初，我接了一个小班，开学几天，我发现班里宸宸午睡时自己不脱衣服，起床后其他小朋友都在井井有条地穿衣服，而他就一直在床上躺着不动，我问班里马老师，马老师说："这孩子就是这样，只等着老师给他穿，老师不给他穿就一直在床上躺着等。"随后几天，我发现宸宸是个很有个性的孩子，说话口齿不够清楚，但是遇事很会找理由，自主意识很强，特别任性，心理年龄比实际年龄要小，来园两个星期还不能适应集体生活，大家在操场上排好队做操，他

一个人满场乱跑,没有一点规则意识,而且软硬不吃,扰乱大家,和别的小朋友明显不一样,需要一个老师专带。像这样的孩子,针对他的情况,我们制订了详细的家访计划,定期进行家访,与家长共同商量教育方法。

在约定好的周五的晚上,我们来到了宸宸家,他的妈妈在家接待了我们。妈妈是个全职妈妈,在家专门带小孩,家中的条件非常优越,对孩子很宠爱。

观察一:妈妈叫宸宸过来,叫了几遍,宸宸都不理,只顾自己玩。妈妈也就让他去了。

观察二:妈妈和老师在聊天,这时,宸宸来拉妈妈的手说要玩水,妈妈说不行,宸宸越缠越厉害,妈妈也没办法,最后是另一个老师带他去玩。整整一个小时,宸宸没有停下来,在这里玩一会儿又到那里玩一会儿,安静的时间很少。

观察三:老师和宸宸正在玩开汽车的游戏。汽车不小心开在沙发下面了。老师说有什么东西可以拨一下吗?宸宸发现了一个捞渔网,但是它太短了,够不到小汽车。随后宸宸立刻找到了一个长塑料管,不让老师帮助。这孩子在家里的表现非常反复无常,我行我素,比较专横。他想怎样就怎样,不依着他就发脾气。但孩子很聪明,喜欢探索、实践。母亲的脾气很好,都是顺着他,平时妈妈干家务时就由孩子自己玩,但是妈妈的教导孩子一般不太听,不接受大人的劝告,妈妈拒绝孩子时也不说明原因。

解决策略

(1)树立威信,培养孩子安静倾听大人说话。与孩子交谈,首先让他安静下来,站在或坐在大人面前,静静地听大人说话。

(2)告诉孩子拒绝的理由。当孩子提出不合理的要求时,必须向他(她)解释拒绝的理由,以便培养孩子辨别是非的能力。

(3)让孩子承担犯错误的责任。孩子犯错是正常的,让他们适当地承担后果,培养他们的责任感。

案例

9月份新学期时转入我班一个男孩,这个孩子平时调皮、爱找事,把打小朋友作为一种乐趣!有时还专门攻击孩子们的隐私部位。有次妈妈说了他几句,他

抬手就打了妈妈一巴掌。犯了错误跟他交流时，他要么用眼睛斜视我，要么就低头不说话，没法交流。开学没几天，班里孩子告状、家长也来园反应，班级群里交流的也是这个话题。我找他妈妈谈了几次，根本不见成效。

案例

我班一个小女生，平时上课爱动，注意力不集中，户外活动不积极，平地上走路绊跟头，开始跳绳时只拖着绳子玩，不学习跳绳，不喜欢运动等等。我就针对着这些症状上网搜，发现这个小女生的情况属于感统失调。但我不是专业人士，不敢轻易下结论。高主任正好去潍坊学习了这方面的知识，我就去请教高主任，并接受了高主任的建议，先进行家访。我觉得孩子的妈妈在医院做保健工作，对这方面的事情应该还有一定的认识。家访时我根据我的经验结合高主任传授给我的知识，还有上网搜的一些关于感统方面的知识，结合平时班里孩子的表现，和她妈妈简单说了一下，推荐她去接触一下关于感统方面的知识。没想到她妈妈说起来比我专业多了，她已经意识到这个问题的严重性了，而且也让北京的专家给孩子作了测试并出了报告，在当地也考察好了感统训练的培训机构，只是孩子爸爸不同意，家里人不认可，所以没去参加训练。通过沟通交流，孩子妈妈和我说，这下可找到知音了！没想到你们幼儿园的老师也懂这一块儿！现在这个孩子一直在参加感统训练，并且各方面都有进步！

解决策略

（1）对有些幼儿进行重点家访和重点教育，尤其是来自单亲家庭的孩子、离异家庭的孩子、有心理或其他方面问题的孩子和贫困孩子。

（2）对家访内容进行规划，了解孩子的家庭结构、经济状况、成长环境、家庭教育、学习习惯和生活习惯。了解孩子在家中的表现，如人格特质、情绪变化、劳动表现、自理能力等。与教师、孩子和家长加强联络，与家长协商共同教育孩子的措施和方法，协调孩子与父母之间的关系。

（3）家庭访问提示：家访前，教师必须了解父母的职业、年龄和家庭关系。家访必须征求家长的同意，尊重父母和孩子的隐私。家访不能要求家长接送。尽量避开吃饭时间，以免引起误会。家访中不应接受家长的钱和物品。在

家访期间，教师应与家长仔细、耐心地沟通，以提高家访的有效性。家访后，老师要认真总结，找出孩子的共性问题和个性问题，以增强以后教育教学工作的针对性。

（4）家访四忌四策：

①忌向家长告状，报忧不报喜，将幼儿说的一无是处。家访时留幼儿在现场，说出幼儿的优缺点，让家长知道，共同制订教育计划，不仅要避免孩子对老师的距离感，还要让孩子知道，这样改正较快。

②避免在家长面前用"学习能力差"来对孩子进行描述，让家长和孩子们失去信心。对于学习能力差的孩子，家访应关注儿童的家庭环境，不受外界因素的干扰，引导儿童消除非智力因素的障碍，与父母建立家园合作教育，发展良好的家庭教育，培养良好的学习习惯。

③忌家访的的短期行为。孩子身上总有一些不良习惯，要及时家访，不要等到问题已经比较严重时再找家长讨论解决办法，这有利于消除萌芽状态下的教育问题。

④忌讨好家长，无目的上门家访。家访要有针对性、精准性，注重职业道德。家访越多，家长的热情越高，彼此感情越深。真正需要父母帮助的事情可以安排在家访之外，这样，公私分明，于人于己都好。

四、家园双通道

《家园双通道》是幼儿园为每位幼儿制作的一张幼儿园报纸，小朋友可以直接把纸质的《家园双通道》带回家，爸爸妈妈可以直观地了解幼儿园的教育教学活动内容。

《家园双通道》的内容可以是幼儿教师平日教学中的教育心得，可以是家长的教育感悟，可以是好文章共享，可以是帮助家长的一些温馨小贴士，还可以是一些适合当前季节玩的亲子小游戏……内容丰富全面，通过每月一期的《家园双通道》，家长们从中了解了更多的教育孩子的方法，了解了更多幼儿园的现状。

案例

每期的《家园双通道》里的"亲子小游戏"是我们班家长比较关注的，之前有好几个家长反映在家不知道陪孩子玩什么，所以每期的《家园双通道》出来后家长会按上面的小游戏来跟孩子玩，有时我看到上面比较好的文章或者适合自己班具体情况的文章也会剪下来贴到我们的"家教版面"上，让家长再关注一下。

案例

家长反馈：幼儿园为了家长真的特别用心，《家园双通道》真的让我受益很多，幼儿园每期的《家园双通道》我都有收藏，现在家里已经摆了厚厚一沓了，有时家里有亲戚朋友来做客，聊到孩子出现的某些问题时，我都会拿出来给他们

看上面有关的文章,再相互探讨一下,有时上面有老师写的文章或案例,跟孩子说了他会特别兴奋,缠着我一遍遍给他读。

作为两个孩子的家长,平时除了上班就是弄孩子真的很忙,很少有时间坐下来读一本关于教育的书,有时面对孩子出现问题感觉无从下手,《家园双通道》真的给我提供了许多方法,像我的孩子注意力特别不集中,老师说他上课时还喜欢做些小动作,这让我非常发愁,在家说也说了、打也打了,但效果不大,我从幼儿园编印的《家园双通道》上看到了几个锻炼孩子注意力的小游戏:《球拍端球》《快看快记》《看谁说的对》,我按上面的方法跟孩子玩,孩子还非常感兴趣,现在这些游戏已经坚持玩了一个多月了,孩子注意力明显进步了许多,希望下期的《家园双通道》还能再介绍些类似的小游戏。

案例

家长帮助孩子建立好的阅读习惯

(2018年第1期)

上周,幼儿园进行了图书漂流活动,孩子们手持借书卡,都能够从陌生的班级和老师那里,借到自己喜欢的书。很多家长反映,孩子将书借回家之后,爱不释手呢!

书是人类进步的阶梯。读书是每个人都做过的事情,有许多人爱书如宝,手不释卷,因为一本好书可以影响一个人的一生。那么,读书有哪些好处呢?

小、中班的孩子读书是阅读图画书,喜欢听故事,并用最简单的词语表达对书的理解。大班幼儿通过两年多的阅读经验,开始对文字产生兴趣,并开始独立阅读图书,也是培养幼儿阅读习惯的最佳时期。我们做父母的要抓住这个机会帮助孩子建立好的阅读习惯。

解决策略

(1) 在家中设定固定的时间、固定的地点给孩子讲连续性的故事。

(2) 选择图文并茂的故事书让幼儿自主阅读。阅读过程中,家长对幼儿不认识的字词不要太较真,不要逐字教认,这样会打断孩子对故事情节的理解,对阅读产生反感。家长可鼓励幼儿对不认识的字词进行猜读,也可以跳过,只要不

影响对故事的理解都是可以的。对陌生和较难理解的词语，可以先听听孩子的理解，然后再解释，把握孩子对文字的理解。

（3）大量阅读各领域的书籍，让孩子从各个方面涉猎不同的知识，满足孩子的求知欲。

（4）任何好习惯的养成都贵在坚持。从给孩子读书到孩子自己读书是一个渐进的过程，关键是家长身体力行，请从现在就开始。

案例

有效陪伴

（2018年第2期）

有这样一位家长，可以说为了孩子用尽了心力，放弃了自己所有的娱乐时间，每天都陪在孩子身边。可是她的孩子却并不喜欢和她在一起，甚至觉得没有妈妈陪在身边会很开心。这位妈妈非常苦恼，为什么自己天天陪着孩子，却没有增进母子之间的情感呢？

由此引出了教育的一个重要词汇——有效陪伴。在这里要注意的是"有效"两个字。刚才那位母亲虽然陪伴孩子的时间很长，陪伴孩子的时间长短固然重要，但陪伴孩子的质量却更关键。

时间老人是公正的，他给我们每个人的时间都一样多，为什么有的孩子学习好、知识面宽、作为大呢？很大程度上是因为他们的时间利用效率高。为什么有的家庭关系好，父母孩子亲情浓厚？这就要看家长是不是把和孩子相处的时间都变成了有益的时间、快乐的回忆。

解决策略

（1）陪伴孩子的时候家长一定要安下心来，把心交给自己的宝贝，全心投入地去和他一起活动。让孩子感觉家长的注意力是完全在他身上的，没有失落感。哪怕只有十五分钟，也好过心不在焉地陪孩子一个小时甚至是半天。要么不陪，要陪就要全身心投入。

（2）幼儿园几乎每一节课都像是在做游戏，可是孩子在玩的过程中是有收获、有进步的。他们的认知能力在不知不觉中慢慢得到了提高。很多家长只是单

纯地带着孩子出去玩，其实心里没有什么目标。一趟玩下来，可能孩子除了过程中开心了一下，没过多久就渐渐淡忘了。

（3）玩要有预定的目标。比如你要带孩子出去旅游，就可以事先准备些旅游景点的图片先给孩子看，让他们去实地找一找图片上的景点在哪。这样孩子会很乐意参与，更锻炼了他们的记忆力和观察力。

（4）家长可以结合幼儿园的教学设定一些有目的性的活动。如配合"衣服"这一主题，家长可以带着孩子去逛一次商场，让他们发现衣服在款式、面料、性别、年龄段上的不同。回到家里再和孩子一起用报纸、塑料袋等材料制作一件衣服，让他们穿着自己做的衣服跑来跑去，孩子一定很开心。这样的方法既巧妙地丰富了孩子相关的主题知识，又让他们爱上了做手工。

（5）随机教育就是在现实生活中遇到什么样的情境，就借助和利用这些情境对孩子进行随机教育，让他们在此情境中获得一些有价值的东西。

（6）与孩子一起成长。如果家长能够放下架子，放低身段，与孩子共同体会成长中的快乐与困惑，一定会从孩子身上学到很多有用的东西，孩子也会轻松愉快地在家长的陪伴下长大成人。何乐而不为呢？有一位教育家说得很好："儿子三岁，我四岁。"和孩子在一起玩的时候就要放开了玩，敢跑、敢跳、敢疯狂，尽情地享受孩子觉得非常快乐的游戏。

案例

过度的安全教育
（2018年第3期）

瑞瑞是个大个子男孩，但是做什么事情都特别小心，从来不做他认为危险的事情。有一次在健康活动中，要求跨跳过20厘米的障碍，可瑞瑞每次跑到障碍前都会停下，然后小心翼翼地跨过。班里的小女孩都能很顺利地进行活动，可对瑞瑞怎么鼓励都不行。他说："老师，这个很吓人，我不敢！"于是，老师拉着他的手跟他一起跳，可他还是不敢尝试。

案例分析

"别动""很危险""小心"，孩子身边的成人嘴里经常会出现这样提醒的话

语。"别动!"不管孩子干什么,家长的嘴里都会冒出"别动"两个字,由于怕孩子出问题,家长常常给孩子灌输过多的安全意识,这个危险,那个也危险。这些意识在孩子的心里落地生根,因此当孩子离开家,便会出现害怕退缩等现象。

任何事情过度都不好,过分的安全教育容易造成孩子胆小,做事束手束脚,不敢尝试,遇到困难逃避,无法培养解决问题的能力,不利于孩子身心健康发展和良好认知能力的形成。

解决策略

(1) 给孩子讲锻炼胆量方面的故事,让故事中的正面人物形象来带动和影响孩子变得勇敢。

(2) 给孩子创造机会,培养孩子的独立性,鼓励他大胆尝试,自己力所能及的事情自己做,慢慢体会、学习和锻炼,在生活中学会照顾自己,比如让孩子尝试取东西或者到邻居家借东西;做一些有挑战性的体育活动等。

(3) 遇到困难时,和孩子一起行动,让其体会成功的快乐,并及时给他鼓励,循序渐进地练习,一点一点地增加难度,让孩子明白并不是到处都有大灰狼,解决问题的方式并不只是逃避,还有许多办法。

(4) 在孩子面前示弱,让孩子勇敢地尝试向陌生人问路,寻求帮助。

(5) 跟孩子一起玩冒险游戏,使其克服恐惧心理,让他们知道不是所有的事情都是危险的,通过自己的尝试可以达到自己想不到的"地方"。

案例

秋季幼儿保健

(2018 年第 4 期)

进入秋季,早晚温差较大,加上气候干燥,幼儿容易患感冒引发喉咙不适,因此幼儿的衣、食、住、行需要家长注意。

(1) 衣:由于温差较大,幼儿早晚应比白天多加一件衣服。对于好动、易出汗的幼儿,在其玩耍时可在其背后垫一块毛巾或玩后及时给他们更换衣服。同时幼儿的鞋子应以轻便的运动鞋为主,少穿皮鞋。

(2) 食:多让幼儿吃一些维生素含量丰富的食物,尤其是含维生素 A、C

多的食物，对预防上呼吸道感染有帮助。在秋季，大蒜、萝卜、生姜、韭菜都是可以增加幼儿抵抗力的食物，可能幼儿不喜欢吃，但家长可以改变食用方法让幼儿食用，比如在做菜时添加蒜末，平时给幼儿煮点萝卜水、生姜水等。对于常在秋季咳嗽的幼儿，家长可以多炖些冰糖雪梨给幼儿吃。秋季也是吃蟹的季节，蟹属寒性，幼儿的脾胃稚嫩，不可以多吃。另外，是药三分毒，不要把服药作为预防幼儿生病的唯一途径。

（3）住：虽然天气会逐渐变冷，但在家时还是要保证一定时间的开窗通风，保持室内空气流通。幼儿的被子要经常晾晒。

（4）行：秋天最适合户外运动，家长有时间应多带幼儿到户外活动，多晒太阳，晒太阳可以促进体内钙的吸收，同时也增强幼儿的体质。

你可以的

（2018年第5期）

今天孩子们在美工区玩剪小花，孩子们都特别用心。锦坤用剪刀沿花枝剪，动作很慢。没一会儿她喊："老师，花枝被我剪断了，怎么办？"她很紧张地看着我，我说："没关系，你可以从另一头继续沿着直线剪。"我帮她把纸换了个方向，她低下头继续开始剪。一会儿，她又在喊："老师，你看我剪好了。"我看后说："嗯，比刚才有进步，现在你可以剪小花了。"她听后有点高兴，拿起红色的纸片开始剪小花。她怕剪坏，剪刀离轮廓线有点远，剪下来两个圆圆的小方块。她把剪下来的东西贴在背景纸上就兴奋地拿着给我看："老师，我做好了。"我看后对她说，"做得挺好的，如果下次能把小花再剪细致一点可以更好看哦。"她开心地点点头。

锦坤是一个比较敏感的孩子，自尊心强，在面对新的活动项目或者有点难度的活动时，总表现畏惧和胆怯，缺乏自信，经常会坐着不动，怕出错不敢去尝试。她妈妈在家不大让她碰这些东西，导致她觉得剪刀危险，在使用时慎之又慎，不敢动。通过多次的练习，现在她已开始从心理上接受使用剪刀，并且在慢慢地熟练。

我们要给予孩子信任，帮其战胜胆怯心理，用"你可以的""可以试一试"等语言来鼓励他们迈出心理上的第一步。同时，家园配合，告知家长使用剪刀不

仅可以促进孩子手部小肌肉灵活的发展，更能训练良好的手眼协调性，同时也能养成做事专注的品质。家长在这个时候只要注意引导，教给孩子正确的使用方法，就可以发挥剪刀的优势避免问题发生，把每一位宝宝培养成为心灵手巧者。

案例

培养幼儿想象力的方法
（2018年第6期）

孩子缺乏想象力，没有什么想法和创意是对以后学习的大阻碍，想象力和创造力的培养，对孩子未来的发展具有重要意义。通过与班级里面想象力比较好的孩子的家长交流，我推荐以下几个游戏：

（1）乐高大颗粒。这类玩具是可以随意拼插出各种各样的事物，如动物、房子，随意发挥。当孩子拼出有创意的东西时，家长要给予及时的肯定，让孩子充满自信，继而不停地想象，创造更有意思的作品。为什么推荐大颗粒呢？主要是安全，不易被吞噬，小宝宝也可以玩，有利于培养孩子的想象力和创造力。

（2）磁力片。磁力片是近几年进入家长和幼儿园视野的玩具。这种玩具能构建孩子从平面到立体的认知过程，有利于培养孩子的空间想象力。

（3）百变海陆空。这个玩具可以拼出各种交通工具和多种组合，有的还有回力功能，拼好后可以玩。特别适合喜欢汽车、飞机、轮船的男孩子。

案例

当孩子午睡尿床时
（2018年第7期）

午睡时间，我看大部分孩子都睡着了，便把记录本拿出来，打算边监督孩子午睡边做记录。刚写了一会儿，发现浩浩好像尿了，在床上动来动去。浩浩一般中午都睡得很好，今天这样，肯定有情况。我走到他的床边，轻声问："浩浩，你醒了吗？要不要小便？"浩浩瞪着大眼睛看着我，不做声，但我从他的眼睛里分明看到担心和害怕。我问："你做噩梦了？"他摇摇头。"那是怎么了呢？"我把手伸进他的被窝，往下一摸，果不出我所料，他尿床了。

浩浩是一个极要面子的孩子，他从来没有尿过床单和衣裤。今天这样，是不

是身体不适呢？还好我及时发现了，不然褥子这么湿湿的，会感冒的。我悄悄地把嘴凑到他耳边说："王老师知道浩浩为什么醒了。"浩浩的脸一下子红了，轻声说："王老师，我是不小心尿出来的。"我微笑着说："嗯，老师知道，你从来不尿床，今天一定是有原因的，老师给你擦一下，换一张床睡，睡在湿的床上会感冒的。"他的眼睛环顾四周，我一下子明白了他的心思，我笑着："你看，小朋友都睡着了，没事的！"我拿来热毛巾，给他擦干净，他懂事地问："老师，那我的被子怎么办？你要拿去洗一下吗？"我说："尿湿了当然要洗喽，待会儿我去洗。"他听完才放心地躺下了。开始的时候，他还有一些紧张，慢慢地开始放松了，又甜甜地睡着了。

案 例

在规则中给孩子自由

(2018年第8期)

在幼儿园里，经常会有这种情形：老师带着孩子们去滑滑梯，事前会要求孩子注意安全，从台阶上去，顺着滑梯滑下来，不能倒着滑……可是，当孩子们自由玩时，一些孩子就会跑到教师规定的禁区玩，教师不得不站在旁边做"督察"。

孩子总是乐意去挑战自己的能力，愿意去尝试新的活动。在这个过程中，危险总是存在的。为此，成人常常会为保证孩子的安全而限制孩子游戏的自由度。我觉得成人在陪孩子游戏时，首先做的不是限制，而是要让孩子有保护自己的能力和意识，在活动前让孩子了解哪些地方存在危险，要怎样做才能保护自己不受伤害。他们会玩出自己的规则。

那天，我们班的孩子在玩攀岩，东东最先跑到攀登网下，敏捷地往上爬，很快爬到了最高的位置上。看着东东顺利爬了上去，晨旭、皓轩、涵涵、浩然等也围了过来。一看这么多人都要往上爬，涵涵就拉着皓轩退到后面："人太多了，我们等一会吧。"晨旭说："嗯，人太多了，我们等一等。"浩然往上爬的时候，似乎感觉到了某种危险，就放慢了动作，反复用脚试探，感觉自己站稳了，才小心翼翼地往上爬。轮到皓轩了，他更小心，慢慢地爬上第三层，试了两次，又把脚缩了回来："我不敢爬了，我想下来。""好，觉得有困难，就下来，等你觉得有信心能爬到再高一点的地方了再来试试。"我提醒他。

第三部分　家园共育——教师

案例

大班毕业季，幼小衔接做起来

(2018 年第 9 期)

孩子上了三年幼儿园，马上就要进入小学学习了，许多家长担心孩子升入小学之后不适应，那么，就从现在准备起来吧！

1. 心理准备

(1) 家长要鼓励孩子独立，告诉他"宝宝长大了，马上要当小学生了"，要让他们觉得自己真的长大了，很能干了，不能再自由散漫，不能再依赖父母亲了。要让孩子有信心，想做一个好学生。有了这种良好的心态，入学后，孩子比较容易适应全新的学习生活。

(2) 家长还要用正面语言对孩子多讲有关学校和老师的事，千万别说"你不听话，进了小学，看老师怎么收拾你"之类吓唬的话，也不要说"暑假快玩吧，上学就没有时间玩了"这类误导的话。

(3) 不要让孩子惧怕上学更不要有心理压力。

2. 行为准备

(1) 让孩子树立时间观念，做任何事情都要讲究效率，并训练孩子早睡早起。

(2) 幼儿园以游戏活动为主的学习形式，到了小学将被正规的分科课程代替。孩子能否静心坐下来，是许多家长担心的问题。家长要有意识地培养孩子的行为规范，比如手工小制作、看有趣的图画书、绘画时不讲话、不时常站起来走动。开始安静的时间可以是20分钟，以后再逐渐延长时间。

(3) 要教会孩子一些必须具备的能力与安全知识。在学校里，孩子要参加一定的劳动，平时在家可加强孩子这方面的训练，如扫地、提水、抹桌子、倒垃圾等等。让孩子熟知交通规则十分重要，如孩子上学、放学回家的一些注意事项。

3. 物质准备

(1) 在家里准备固定的地方给孩子学习，地方一定要固定，别让孩子"打游击"。

（2）准备桌椅、台灯，不必高档豪华，重要的是桌椅的高度要与孩子的身高相配，台灯必须有利于保护视力。

（3）准备一个小闹钟并教会孩子看钟。父母要有意识地规划好孩子的作息时间，调整安排好孩子的生活起居节点，养成孩子自己准时就寝、准时起床的习惯。

（4）准备书包文具，简单实用，不要花俏，不能只追求漂亮、价钱昂贵的。

第三部分　家园共育——教师

五、家园面对面

　　家园面对面是以文字的形式由家长和老师双向反馈的一种形式，老师会每半月时间向家长反馈孩子在园的一些具体表现，家长收到后也会再向老师反馈孩子近段时间在家的一些表现，方便家长了解孩子在园的一些表现，同时老师也能了解孩子在家的一些生活习惯。

　　家长都希望通过家园面对面能看到自己的孩子在幼儿园学习、生活及发展的状况。好的家园面对面也是幼儿园向家长、社会展示良好形象的契机。《多元智力理论和幼儿园教育评价》中指出："评价在教育实践中起着有力的杠杆作用，但这一作用却未必一定会把教育推向理想的方向。评价是一把双刃剑，评价理念、评价目的以及评价的方法和技术等都影响着评价对教育的导向。"

案例

　　丹丹宝贝来幼儿园有半年时间了，这半年丹丹的变化真大哦！首先已经不再是那个爱哭鼻子的小姑娘，每天能看到你开心的笑容，真好！

　　你是个有礼貌的好孩子，在幼儿园里都能主动地与老师打招呼，看见小朋友吵闹时，你能第一个告诉老师或主动去劝阻，真像个懂事的小姐姐；看着你能自己吃饭、画画、玩游戏、上厕所……老师知道你进步了，你会自己的事情学着做，不仅会自己脱衣裤还学会自己折衣裤，有时还会积极地帮助小朋友脱衣服，真能干！

　　看着你能与小朋友友好地相处，看着你认真地做着事情，老师心里非常地开

心，我们的丹丹长大了！但老师希望你学本领时再专心一些，举起你的小手大胆地表达自己的想法，相信你会取得更大的进步！

希望我们的丹丹宝贝每天都能开开心心！小四班老师预祝我们的丹丹宝贝一家新年快乐！

案 例

老师说：时间总会在匆匆忙忙中过得好快，孩子们的大班上学期生活即将结束。

潇丹来上幼儿园，整个人的状态很不错，能立刻以积极的状态投入到学习和活动中，活动时和小朋友之间有说有笑，很是开心洒脱。

潇丹是个能歌善舞的小姑娘，乐感强，唱歌好听，还能自己创编舞蹈动作；你有一双灵巧的小手，折纸唱、魔尺、跳绳都难不住你；画画那就更优秀了，线条流畅、涂色均匀，每幅作品都相当漂亮，是小朋友们学习的榜样。最近练习的数字拼图，你速度最快，接下来可变换不同的花样进行练习了。

潇丹是个很细心的孩子，有时主动关心老师的身体，令老师内心倍感温暖。

大五班全体教师，预祝潇丹全家新年快乐，万事如意！

【反思】

评语的主体是幼儿，面对不同的家长、不同的幼儿要选用不同的方法和侧重点。大班、中班和小班幼儿的家长，对幼儿在园状况的关注点是不一样的。小班幼儿家长问的最多的是孩子有没有哭闹、跟小朋友相处得怎么样、吃饭喝水如何等等。而大班幼儿家长往往问的是孩子今天有没有认真听讲、老师讲的知识都学会了吗、又学了什么新本领等等。由此可见，小班幼儿家长关注更多的是幼儿在园的生活自理与生活适应情况，大班幼儿家长更倾向于幼儿的学习习惯及知识。不同年龄段可以从以下几方面来进行评价：小班的孩子更侧重于孩子保育方面的知识，如吃饭、洗手、如厕等；中班的孩子侧重于孩子接受知识的水平，如孩子的口语表达，技能技巧（包括孩子小手精细动作的发展），走、跑、跳、投掷、平衡及综合能力的发展；大班的孩子侧重于孩子社会性方面，包括孩子的人际交往、道德感、情感控制及表达方式等等。因此，评语要在反映幼儿发展现状的同时，更侧重于家长的关注点。

第三部分 家园共育——教师

评语是一个学期幼儿在园学习生活、活动的总结。评语要展现出这一学期班级文化的亮点、幼儿园的特色，让家长更多地了解幼儿园和老师，如："我们大班级部在这一学期开展了五子棋大赛，在五子棋比赛中，琪琪宝贝过五关斩六将夺得了"棋王"的称号；在幼儿园绘本剧表演活动中、在班级《弟子规》践行的活动中……你生动活泼出色的表现，为我们班级和我们大班级部赢得了荣誉！"

案 例

"老师早上好！"每天早上未见其人先闻其声，接着便是深深地鞠躬问好。这就是你，懂礼貌讲文明、尊重老师的豪豪，把我们的《弟子规》践行得如此认真，老师都为你感到自豪！

小巧玲珑的你，喜欢玩各种玩具，如开遥控汽车、组件各种武器……你喜欢玩娃娃家的游戏，每一次你都会把手举得高高地大声说："老师，我要做爸爸。爸爸抱着娃娃喂饭、讲故事。"

经过一个学期的小班生活，你已经能愉快地与小朋友一起做游戏、学本领了。看到你渐渐地能流利地讲完整话，与小朋友进行简单的交流，看到你乐意动手画画，还真像模像样，你还能帮助小朋友搭建各种你所见过的武器、手枪、小汽车；饭后活动时，一节普通的魔尺总能在你的手下变成话筒、水晶球、小鸭、兔子……大家都非常喜欢和你这个善玩、会玩的小伙伴共同玩耍。

老师真为你的进步而高兴！相信我们的豪豪会更大胆、活泼！

【反思】

结合幼儿在某些活动中的行为表现来写，可以写幼儿在园的童言趣语及活动中的奇思妙想，以激活或唤醒幼儿的心理活动，使幼儿继续完善或改善自己的行为。教师平时必须对每个幼儿的表现做到心中有数并及时记录下来。这就要求我们老师在日常生活中要做个有心人，细心观察每个幼儿，掌握幼儿的点滴变化，特别是幼儿表现出的亮点或出彩的地方，随时记录下来，形成幼儿奇思妙语、好习惯资源库，为今后撰写幼儿评语积累丰富的素材，让家长体会到我们时刻关注着孩子学习和生活的点点滴滴。

案例

浩宇宝贝：

　　时间过得好快，孩子们的大班上学期生活即将结束。浩宇因为生病好长时间没来上幼儿园了，老师和小朋友们都好想念你呢！你不可以挑食，一定要多吃饭，尽快养好身体哦。

　　在幼儿园浩宇是个懂礼貌、守纪律的小朋友，你的上进心很强，学习积极性很高，同时你也乐意为班级做事。上课的浩宇能做到认真听讲，拥有很好的倾听习惯，而且还能积极开动脑筋，踊跃发言。忘不了上次词语接龙游戏时，你的表现超棒，拥有丰富的词汇，继续努力！

　　好长时间不来，我们学过的古诗、绕口令有没有忘记呀，还有我们一千以内的数字拼图要多多练习哦！老师知道你一定是最棒的！

　　你有位可敬的警官爸爸，老师希望你也能像你爸爸那样勇敢、坚强、有毅力。

　　祝浩宇早日康复，尽快地回归我们幼儿园的大家庭！

【反思】

　　在撰写评语时，教师切记不可用居高临下、教训、指责的语气来写，要采用对话的方式，运用商量、肯定、鼓励等富有情感的语言，让幼儿形成积极兴奋的心理状态，同时又能接受教师所提出的委婉建议。让家长感到教师是朋友、是大姐姐、是妈妈，凸显出作为幼儿教师的亲和力。可以借鉴一下这两种方法。

　　（1）榜样借助法

　　教师可借助榜样的作用，引导孩子积极进取。这个榜样可以是古今中外英雄、伟人，也可以是孩子的同伴，更可以是孩子身边的亲人，让孩子从榜样的身上看到自己学习努力的方向。

　　（2）称呼感动法

　　给孩子写评语，开头称呼很重要。可多采用幼儿的乳名或小名称呼，有道不出小名的，可用正名的后两个字称呼，如果正名是一个字可用叠字称呼，当然前面如果能加上形容词修饰一下，那效果就更好了，如聪明、可爱的小单，能干懂事的晨晨等等，有了这样的称呼，让孩子在听家长读评语时，犹如看到老师正在

和蔼可亲地和他们交谈。这样的称呼会让家长感动、孩子激动，同时也易于拉近教师与家长、孩子之间的距离，更便于家园有效沟通。

案例

聪明可爱的毅毅宝贝：

不知不觉中我们马上要小班毕业了呢，你是不是也感觉时间过得很快呢？这一学期我们的毅毅真的变化很大哦，令老师刮目相看呢！

谁吃饭时吃得最干净？又是谁做操的时候最认真？当然就是你喽，聪明可爱的毅毅！你的进步太大了，动手能力和交往能力都有了明显提高。如果你能在集体中大胆表述自己的意愿那就更棒了，老师相信你一定能够做到的！

升入中班以后，老师期待你的精彩表现哦！

祝我们的毅毅宝贝每天开心快乐！

【反思】

评语应具有教育和导向的功能，在撰写评语时教师应侧重先写肯定、赞扬、激励等方面的评语，然后委婉地指出幼儿的不足并提出希望、建议或要求。每个孩子在爸妈的心目中都是最优秀的，以他们乐于接受的方式婉转地提出自己的看法及建议，希望通过家园合作共同促进孩子的成长！

家园面对面是幼儿园教师对幼儿表现的一种评价，是幼儿园和家庭沟通、联系的纽带之一。家长可以通过教师对幼儿撰写的家园面对面全面地了解孩子在园各方面的发展情况。同时，孩子也通过家长对评语的解读，知道自己的优点和需要改进的方面。好的评语会永久地埋藏在孩子的心中，让孩子铭记一辈子。作为幼儿教师的我们需要随着时代的进步，随着幼儿教育的发展，改变过去的旧观念、旧模式，用真心、用爱心客观准确地对幼儿进行全面的发展评价。教师在撰写幼儿家园面对面时注意一些写作技巧，将家园面对面写活，对家园有效沟通一定能起到积极作用。以下几点可以借鉴：

（1）书写评语时字迹要严肃、认真、规范。或许教师写的是几十份，写到手酸眼胀，但是家长手里拿到的却是唯一的一份。

（2）评语的内容要全面、客观、准确，切忌泛泛而谈。

（3）语言要亲切、自然。用与家长或幼儿交谈的语气，而切不可用居高临

下、教训、指责的语气。

（4）对幼儿的表现多直接肯定，委婉提出不足。

（5）要善于观察留意幼儿的言行，随时记录幼儿有个性的行为。记录生活中的点点滴滴，这比单纯地讲述更切合孩子的实际。

（6）幼儿园是保教结合的，所以写评语就不是班主任一个人的事情，需要班主任教师、配班教师以及保育员共同完成。

（7）写评语一定要有草稿。在狭小的纸张上要反映幼儿一学期的主要表现，所写的语句一定要是简明、扼要。而且为了让家长看了舒心，在实事求是反映情况的同时，书写语气一定要诚恳委婉。落笔之前必须经过深思熟虑，不断地提炼语句。

六、家教版面

每个班门口都有自己的家教版面，内容主要有每周计划、温馨提示、教育经验和活动进行时等，向家长介绍本周的教育工作有哪些，最近班级进行的活动有哪些，也向家长介绍一些教育理念、教育方法、教育经验等以及需要家长配合的地方，针对班级情况向家长推荐一些实用、针对性强的文章。

家教版面是幼儿园和家长联系的一个重要纽带，一份设计新颖、内容丰富的家教版面，不但可以帮助家长了解幼儿园的课程安排，还能给家长一些先进、科学的家教理念，更好地配合老师的保教工作。

家园版面的设计

1. **规划版面设置。**了解一下其他班级的版面设置，或者从网络、杂志等媒体上参考现有的家园版面栏目设计，根据本学期的教学需要、资源条件增减板块，并确定更新周期。

2. **确定版面名称。**名称可以很有创意，如家园手牵手、家园彩虹桥、家园面对面等等，但必须要让家长清晰了解版面的内容定位。

3. **积累内容素材。**可以是有关育儿知识、经验的内容，也可以发动家长一起参与或向家长征集。班级活动的内容可是文字、照片，也可以图文并茂。

4. **注意美化版面。**可以尝试用剪纸、绘画等作品装饰版面，也可以为文字内容添加各类边框，以减少刻板增加活泼感。

5. **注意优化版面内容。**不固定地加以调整，倾听家长和搭班老师的建议，优化版面设计，了解家长的需要、问题和疑惑，作为下期话题的来源。

以活动告知为主要内容的家教版面，让家长更加了解幼儿园内的活动安排以获得家长的资源配合。

1. 主题告知。告知家长即将开展的主题活动内容、主题目标以及要求家长共同参与的环节。

如本月要开展主题活动"春天来了"，可向幼儿家长进行介绍：

"春天来了"这一主题，旨在通过"植物发芽了""天变暖了""春天真快乐"三个主题，引领幼儿走进大自然感知、欣赏春色满园的美好，探寻春天生机变化的秘密，体验春天带给人们的快乐，表达自己对春天的感受和喜爱之情。在此过程中，伴随着一系列感知、体验、探究、发现、表达及表现活动的逐步开展，幼儿积极关注周围事物、大胆想象和创造，热爱自然和生活的良好品质及情绪情感也在同步发展。开展本主题活动，教师要利用春天特有的自然环境和资源，充分发挥幼儿对于春天已有经验的支持和生发作用，引领幼儿与真实的自然环境充分互动，并及时进行引发、指导、帮助和提升，促进幼儿不断获取春天的新认知，激发幼儿对大自然和生活的热爱之情。

2. 每周活动安排。本周集体教学、区角活动等的集体安排，是家长对一周的活动安排，应做到心中有数。

3. 温馨提示。提示家长根据天气情况给孩子添加衣物，提醒家长周一幼儿要统一穿园服，需要家长提供的主题活动材料等。

案 例

小班主题活动《玩玩乐》

主题说明： 我们生活的环境中到处都是自然物，如沙、水、土、石等等，本主题通过"有趣的水、亲亲沙土、一起来玩"三个方面的内容，让幼儿去游戏、体验、操作，从而初步感知沙、水、土、石等自然物的特征。了解磁铁、纸杯、沙包等物品的好玩之处，了解磁铁、遥控器等给人们生活带来的方便，体验游戏和自由创造的乐趣。同时，通过学习欣赏儿歌、故事，初步感受自然界的美好，体验同伴互帮互助、互相友好的积极感情。

【一周主题内容】

活动一：《语言：水珠宝宝》学说儿歌，理解儿歌表达的内容，感受儿

歌优美的意境。

活动二：《艺术：小鸭子捉迷藏》学唱歌曲，学做鸭子走、游水动作。

活动三：《语言：小水珠找家》理解故事中小水珠选择荷花池安家的原因。

活动四：《健康：水宝宝搬家》感受玩水的乐趣。

活动五：《奥尔夫：Bingo》感受音乐的节奏。

【区域活动】

益智区：好玩的魔尺，学习变新造型。

科学区：小鸭子游泳，愿意探索物体的沉浮。

阅读区：上床睡觉，体验阅读的乐趣。

建构区：小池塘，和同伴体验拼搭的乐趣。

美工区：美丽的花仙子，体验用纸团印、手指点的方法作画。

【生活活动】

1. 随时提醒幼儿主动帮助有困难的小朋友，肯定幼儿乐于助人的行为。

2. 教育幼儿夏天不吃过多的冷饮，多喝温开水。

【家园配合】

1. 请家长在家中关注幼儿情绪变化，鼓励幼儿讲述一些自己和朋友之间的事情。

2. 请家长在家中给幼儿讲自己和朋友之间相互关心、相互帮助的故事，谈谈有哪些方法可以让自己的好朋友高兴、开心。

案例

半日开放注意事项

1. 家长仅为旁观者，不要干预孩子的生活、学习活动。

（1）不要喂孩子吃饭。

（2）不要提醒孩子"快举手""快回答""看老师"等。

2. 要以平和的心态对待孩子，当孩子回头看您时，无论如何，要给他一个"大拇哥"加以鼓励。

3. 即便孩子不如意时，也不要当众呵斥孩子，以免让孩子过分紧张，不停地回头张望、察言观色，造成比平时更紧张、拘谨的状况。

4. 要横向比较，与孩子的昨天比较，发现孩子的进步之处加以表扬；要纵向比较，与同班同龄孩子比较，发现自己孩子的长处与不足，做到心中有数，但绝不能操之过急，更不能说："看某某多好，你怎么这么笨呀！"

5. 在结束时要与孩子有一个交流，先肯定孩子的进步，再提出不足，要用"如果你……方面……就更棒啦"的句式，保护孩子的自尊心，帮孩子树立自信心！

6. 家长也要起到模范作用，手机调到静音模式，上课期间不讨论、不谈笑，以免分散孩子的注意力影响孩子的活动质量。

温馨提示篇

1. **初春如何着装？**

初春的天气早晚温差较大，孩子不容易适应，在衣着上提出如下建议，希望能够对您有所帮助。

（1）衣着宜轻便，不要过于繁琐，避免幼儿入厕和活动时不便。

（2）由于早晚温差大，建议来园时给幼儿穿厚一点的大衣，再带件稍薄的外衣，以便在户外活动时候穿。

（3）每天晚上看第二天的天气预报，这样对于幼儿的着装有很大的帮助，避免衣服穿得过多或过少。

（4）注意观察，当幼儿有不舒服的症状及时护理，防止春季感冒。

（5）有特殊情况或幼儿特殊体质及时与教师联系，避免发生意外。

2. **饮食**

孩子经过假期的休息，重新开始幼儿园的集体生活，在诸多方面不能够很快适应，尤其是饮食方面，结合以往的经验，建议如下：

（1）幼儿对环境的适应需要一个过程，在幼儿园会出现饮食不良、吃不饱的现象，建议家长可以在家给幼儿进行补充，如牛奶、水果、易消化的食物等，并及时反馈给老师。

（2）建议幼儿在家吃一些清淡的食物，既可以保证身体的正常消耗，又便于消化和吸收，防止上火。如果给幼儿吃太多的冷食，会给幼儿形成不良的饮食习惯，还会造成身体不适。

3. 经验交流

要多结合季节特点向家长介绍有关的儿童保健常识。例如，幼儿园冬季保健知识：秋去冬来，在寒冷的冬季，家长和校园更要注意保持幼儿的身体健康。冬季是呼吸道疾病的多发季节，要谨防冬季易流行的呼吸道传染病，如水痘、腮腺炎、流行性感冒等。对于体质差、易感染疾病的幼儿，还可给孩子服用板蓝根、大青叶、金银花等中药，以加强预防流行性感冒。

幼儿外出时应戴好口罩，特别是室内外温差较大的的情况下。要合理穿衣，随时增减，有的家长给幼儿穿衣过多，孩子稍有活动，汗水把内衣湿透，而幼儿不会表示需要更换内衣，只能凭自身的体温把湿衣烘干，天天如此，容易伤风感冒。同时应随气候变化而增减衣物，在活动前或进入有暖气房间时应脱去外衣。外出最好戴口罩，避免着凉。夜间盖好被褥，家长或保育员应勤查看，幼儿蹬被褥时及时盖好，以免孩子着凉。注意保持幼儿寝室活动场所良好的环境条件，保持室内空气流通，特别是长时间门窗紧闭、有暖气和空调环境下，空气不流通，不利幼儿的健康。在有空调的环境中，应视情况调节室内的湿度。冬季天气寒冷，幼儿需要的能量和热量也相应增加，因此应增加些能量高、热性的食物。如肉类、鱼类、家禽类、乳类、豆类等等。此外也要注意补充红枣、红豆等健脾补血的食物。

冬季还要保证幼儿的饮水量。水是人体新陈代谢必不可少的成分。幼儿代谢旺盛，需水量大，每节课后都应组织幼儿喝水，个别特异性体质的幼儿还要视情况增加饮水的次数。

冬季幼儿也要进行适度的运动和锻炼。锻炼可增强幼儿体质，增强自身免疫力才能抵御病原体对机体的侵害。

家教理念引领篇

以育儿等教育类话题为主要内容的家教版面，为家长提供更加丰富的教育经验信息，拉近教师和家长的距离。

向家长推荐一些独特的育儿经验和知识，或是一些好的育儿书籍，使家长获得正确的育儿知识和方法。如：孩子在幼儿园学会了什么？

很多家长会问，幼儿园孩子到底学什么？认几个字？会计算几道题？会背

几首诗还是会唱几首歌？是重知识还是各种习惯和行为品质的培养？下面我们一起看看。

学习做人。在幼儿园里孩子们要学会了礼貌、学会自控、学会分享等等。进了幼儿园，孩子知道向老师问好，课堂上知道听老师的口令，知道老师上课的时候，不能随便在教室里走来走去，不能随意打断老师说话。有好吃的好玩的知道和小朋友、父母祖辈分享。

学习交往。其实，许多3岁左右的孩子已经有一定的社交经验，幼儿园又为孩子创造了一个很好的氛围，教他们怎样保持友谊，教他们在没有教师和妈妈帮忙的情况下自己怎样独立解决小伙伴之间的冲突。孩子学会怎样参与别人的活动，看到其他小朋友在玩，他（她）可以上前招呼，你在干什么呀？而不是像过去那样默默看别人玩，或者一个人自言自语。这样的社交对于孩子长大之后融入集体大有帮助。

学习生活。在家里，爸爸妈妈看到自己的宝贝略微吃力地干一件事，比如：扣纽扣、梳头发、拿玩具，总是会忍不住上前帮一把。但是在幼儿园里，老师不可能像爸爸妈妈一样对这么多小朋友做这样的关照，会要求孩子们在规定的时间里穿好衣服，要求他们在多少时间内到教室外边排队。孩子在幼儿园里学会了自己穿鞋，开果汁瓶盖，知道上了洗手间之后要洗手。这些简单的生活自理能力给了孩子相当的自信，也给爸爸妈妈莫大的方便，带孩子去旅行或去朋友家做客，再也不需要时时刻刻关注着他们、帮着他们了。

学习适应环境。不要以为适应环境只是对大人而言，小孩子也是一样的。初上幼儿园，对于孩子来说，绝对是一个全新的环境，虽说孩子小，但幼儿园也会带领新入园的孩子"参观"园所，为孩子熟悉环境作好铺垫，让孩子对新环境产生好感，减少孩子的抗拒心理。

学会尊敬老师。不要以为"尊师"是上了学的孩子才要学的内容，其实，要在刚上幼儿园的时候就要先让孩子有这个意识。让孩子在幼儿园里只要遇到老师都会习惯性问候"老师好"，老师反过来夸孩子懂事懂礼貌，在老师这样的评价下，孩子自然更加喜欢幼儿园。

学会独立生活。让孩子上幼儿园，是为了将来孩子的成长，让孩子经历必须经历的过程。在幼儿园面对每一个小朋友和每一位老师，是在人为的创造机会让

孩子学习独立生活的能力。父母不可能永远陪伴在他们的身边，他们要被动地从家长的安排中学会待人接物的能力和独立生活的能力。这样，才能在将来成长的路上不至于脆弱无助而变成可怜的人。

学习照顾自己。幼儿园生活本身就是让孩子去学习一些家长没有时间或者没有耐心去教育孩子的那些"芝麻大点儿"的小事，比如说早晨起来怎么穿衣服和袜子，吃饭时怎么拿筷子，吃完饭后怎么去刷牙，大便之后怎么擦干净小屁股……所以说，孩子在幼儿园学到的这些生活点滴就是要学会自己照顾好自己。

学会保护自己。孩子还要学会保护自己。比如吃饭时、喝水时要注意别烫着自己，朋友玩耍的时候要注意自身安全，危险的游戏不要参与，感觉到危险的时候要学会喊老师相救。在幼儿园之外找不到老师和爸爸妈妈的时候：不跟陌生人说话，不让陌生人把自己带走，不吃不喝陌生人给的东西。要记住家长的电话号码，要找可靠的人（比如警察叔叔）求救。总之，要学会保护好自己。

学习关心别人。幼儿园的生活，其实也是在从小锻炼孩子的集体生活能力。在一个集体中，能够学会关心别人，才能得到对方的关心。关心别人，其实也算是关心自己。这个层面的意思孩子也许还不能理解，但是，不管是家长还是幼儿园的老师，引导孩子学会关心别人，就是让孩子了解，关心与爱护是人与人之间交往的一项前提条件。

学习帮助别人。帮助别人，就是帮助自己。引导孩子在有能力帮助别人的时候，要学会伸出手去帮助自己能够帮助的人，只有这样，才能够让孩子慢慢去体会，真诚地给予别人及时恰当的帮助，是一件很有意义的事情。

家长聊天室

介绍家长成功的教育经验，提出家庭教育中的困惑。如终于知道为什么小朋友在幼儿园和家里判若两人了。

常有家长抱怨，孩子在幼儿园和在家时判若两人：在幼儿园里，自己吃饭、穿衣、按时睡觉，和小朋友们友好相处；可一回家就完全变了个样儿，任性耍赖，胡搅蛮缠。

孩子为什么会变成"两面派"？究其原因不难发现，幼儿园有一套系统、科学的规章制度，而且这些规章制度都带有强制性，任何人都不例外，幼儿在长期遵守

的过程中，心理上形成了定势，从而转化成一种习惯行为。而在家就不同了，没有各种规定的约束，加上孩子一哭闹，家长就容易妥协，孩子完全不需要自我控制，所以就变得不听话了。

没有规矩不成方圆。家庭应该制定一些简单、必要的规定，让幼儿从小在有规律的生活中养成良好的行为习惯，并学会自我控制。

家规可包括以下几个方面：

1. 建立生活规律

家长要根据孩子的年龄制定一份作息时间表，把幼儿一天的生活作出科学合理的安排，起床、睡觉、吃饭、学习、户外活动都应有一个相对固定的时间。作息时间一旦确定就要严格执行，长期坚持，不要因为家里来了客人或大人有活动就随意扰乱孩子的生活规律。当然，特殊情况下，比如节日、生日时，可以允许孩子自由一些，但事先必须申明原因和具体要求，让孩子明白这是特殊缘故，不至于在平日也提出要求而破坏常规。

2. 制定行为准则

家长可将良好的行为举止制定成必须遵守的行为准则，让幼儿通过反复执行内化成一种自然而然的习惯性行为。例如：吃饭之前要洗手；吃饭时要坐在固定的位置，不许乱跑或边吃边玩；幼儿长到可以上桌了，应要求他等大人到齐后一起开饭；喜欢的菜不能拉到自己面前；每次要吃完自己的一份饭菜，吃完后把碗筷、椅子放好。玩具、看过的书要及时整理归位；未经允许不能乱动大人的东西；家里的电源插座、危险物品要教幼儿识别，禁止接触。

家中来客要懂礼貌，大人说话不插嘴，客人面前不哭闹，乐意把玩具、食品拿出来与小客人一同分享；随父母外出做客要主动叫人、问好，不大声喧哗，接受礼物、食品要道谢，不得到主人许可不乱动人家的东西，绝对禁止随便开人家的抽屉。尊重长辈，与长辈见面要主动打招呼。做游戏、下棋要遵守既定的规则，不能因为怕输而耍赖。

3. 提出劳动要求

劳动不仅能使幼儿增长知识、锻炼意志、增强责任心，而且可以培养幼儿做事有始有终、尊重他人劳动等良好品质。幼儿劳动应从自我服务开始，从小要求孩子自己的事情自己做，一般来说，3岁学会用匙吃饭、穿脱袜子、收拾玩具；

4岁学会刷牙洗脸、穿脱衣裤、系鞋带；5岁学会用筷子吃饭、整理自己的抽屉。另外，可视幼儿的年龄大小规定他们参加一些力所能及的家务劳动，例如：2岁的幼儿可以帮大人拿递小物品；3、4岁的幼儿可以分筷子、端饭；5、6岁的幼儿可以折衣服、叠被子、买小商品等。幼儿乐意做事，而且非常负责，但由于能力和经验的不足，常常会"好心办坏事"因此，培养幼儿劳动不要操之过急，要有耐心，多指导，多鼓励，千万别说"帮倒忙""越帮越忙"之类的话打击孩子的自信心。

4．立家规

应遵循以下原则：

（1）符合幼儿的年龄特点，力所能及。

（2）循序渐进，不要一下子太多，导致幼儿记不住。

（3）标准一致，不可朝令夕改，让幼儿无所适从。

（4）坚持不懈，使幼儿习惯成自然。

（5）以身作则，为幼儿树立好榜样。

用我们最专业的知识，打造最专业、最具理念的家教宣传版面，用心认真从家长的需要角度出发，才能设计出美观、实用、内容丰富的作品。适合的才是最好的，只有适合家长的需要，我们的家教宣传版面才会更好地起到家园共育的良好作用。

七、线上互动平台

家长参与幼儿园的教育活动,线上互动平台在家园共育中最活跃、最富于变化,也是联系家长和教师、家长和孩子、教师和孩子最有效的途径。

(一) 微信

随着智能手机一步步走进大众生活,人们的沟通方式一再被改变。微信以方便快捷的传递文字、图片、语音、视频等优势,成为时下最受欢迎的移动互联网软件之一,甚至成为了人们的一种全新的生活方式。而教育工作者们也十分关注互联网及移动互联网对教育行业的作用,教育微信、亲子微信、学校微信平台应运而生。一些爷爷奶奶也加入了微信用户的行列,这为我们通过微信协调幼儿园共育工作提供了可能性,我们尝试着借助网络微信平台突破家园共育工作中的几个瓶颈问题,建立基于网络微信的家园协作互动模式,让幼儿园的工作更加生活化,更富生动性,更具说服力。

问题一:家园共育教育互动性不强。

作为家园共育实施者的老师与家长之间需要有密切的沟通,协调的配合才能不断地优化共育策略,而教师与家长的交流,主要形式为离园接待交流、家长会交流、电话交流、家访,在这些主要交流形式中,皆以教师为主导,双向沟通不

足。幼儿园发展过程中的个性问题，也经常折射出共性问题，仅靠个别的离园交流、电话交流，普教面太窄。由于幼儿家庭分布广，教师工作繁忙，要经常家访更加不现实，而召开家长会，家长虽能了解孩子的一些情况，但即时性不强，有针对性地对家长进行指导难以实现，家长在家园共育工作中处于被动地位。

解决策略

与传统阅读相比，手机阅读满足了人们随时随地阅读、主动阅读的需要。我们通过建立班级微信群或申请幼儿园订阅号、服务号，根据不同年龄段幼儿的发展特点，分享教育小文章，引导家长在阅读分享的基础上，在微信群中，根据孩子的情况进行互动讨论、反馈交流。这为平时因忙碌而无法直接参与幼儿园工作的家长们提供了便利，拉近了教师与家长、家长与家长之间的距离。家长们可以主动就幼儿发生的问题向老师讨教或与家长们互相讨论对策，家长在家园共育工作中化被动为主动，提高了教育过程中的参与性与互动性。

案例

小班入园不久，班级中接连出现了因争抢玩具而打架的事件，针对这一情况，我们与家长朋友在微信群中进行了热烈的讨论，打人的浩浩家长说："悦悦妈妈不好意思，今天浩浩又动手打人了。"悦悦妈妈说："没事儿，孩子之间打打闹闹是经常有的。"多多老师说："现在的孩子在家里都是众星捧月，玩具都是自己玩，而来园后很多孩子都不懂玩具要分享，因此争抢的情况比较严重，希望家长们平时能注意引导孩子学会分享，学会交流。"妞妞妈妈说："是的，我们家孩子也是这样，想玩儿玩具就直接抢小朋友的。"艳茹妈妈说："我们家孩子比较胆小，有时候受到欺负都不会说。"多多老师说："是的，学习用语言表达也是很重要的。家长要鼓励孩子有事主动向老师报告，还可以引导孩子学习正确的语言表达，如：'我们一起玩可以吗？借我玩一下好吗？'"

在上述案例中，平时难得见面的家长，借由网络微信平台，化解了彼此间的矛盾。针对幼儿出现的问题学习了解决的策略，老师也在其他家长的反馈中，了解到了平时没有察觉的幼儿情况，是一件一举多得的事情。

问题二：家园共育教育缺乏一致性。

随着现代家庭结构的变化，现在的孩子普遍受到两代人的精心呵护，成为了家庭的中心，他们的喜怒哀乐，牵动着一家人的心。家长对于孩子有着过高期望值，主要体现在智力、知识的学习重视，却忽视了孩子的生活能力、生活行为的培养，造成孩子自理能力低下、以自我为中心等行为倾向，家长教育方式大多表现为溺爱多、教育少、顺从多、要求少的现状。我园老师经常发现孩子在家庭和幼儿园之间存在着生活行为教育脱节的现象，有的孩子在幼儿园能自觉地进行进餐、入寝、自己穿脱衣物等生活活动，但在家里则表现为任性、娇气、依赖性强，什么事情都要大人包办代替。在幼儿园里养成的行为习惯在家里被弱化甚至半途而废，家园共育教育缺乏一致性，使得共育力度大大削弱。我们利用微信即拍即发的优势，通过图文相结合的形式，即时上传幼儿园共育的要求，取得家长了解、支持与配合，取得了显著成效。

案例

今天老师在微信上上传了一张小朋友们整齐地摆放鞋子的照片，并配文字：鞋子宝宝相亲相爱站在一起，家长们纷纷点赞。彤彤妈妈说："孩子们太棒了，入园才一周就学会了将鞋子摆得这么好，谢谢老师。"小冰奶奶说："在家里孩子东西总是乱丢啊，还是老师有办法。"平泉妈妈说："怪不得我们孩子回家经常说'鞋子宝宝相亲相爱，站站好'，原来是老师教的。"多多老师说："幼儿的良好品质要从小养成。用富有童趣而形象的拟人化语言更能让孩子接受，爸爸妈妈们回家也要坚持鼓励孩子做到家园同步，一加一等于二。"宏宇妈妈说："在今天又学到一招啦。"多多老师说："亲爱的家长朋友，好习惯益终生。老师重点引导孩子学习整理自己的小玩具、整齐摆放自己的物品，请家长在家里也要鼓励孩子坚持做到。如果孩子做得好，欢迎大家上传图片分享，老师也会在班上表扬在家里同样做得好的孩子。"

案例

利用微信交流，提高家园共育教育同步性

虽然一线教师对于家园共育培养幼儿良好行为习惯的重要性有一定的认识。

但是出现了老师指令多、家长配合少，老师抱怨多、对家长具体指导少，教师主导多、考虑家长实际需要少等问题，幼儿德育发展是一个长期持续发展的动态过程，幼儿品德形成过程中的亮点与缺点，经过家长与教师之间的反馈，仅通过家园联系册、电话交流、家访往往显得及时性不够，当教育实践发现问题后往往已错过了教育时机。

中班的单月小朋友在家长外出时发生了骨折的意外，她的妈妈在微信上发了宝宝受伤了的图片，微信上家长、老师和孩子纷纷通过微信语音、文字发来爱的关注，玲玲宝宝语音说："月月你好几天没来了，我们想你啦。"君君宝宝说："月月希望你的病快点好，手还疼吗?"小雨宝宝说："月月快点好了，和我们玩。"单月宝宝说："谢谢大家。"单月妈妈说："宝宝今天手上缠上绷带，本来以为只是摔倒，结果越来越疼，到医院拍片才知道是骨折了，谢谢大家关心。"琪琪奶奶说："孩子手脚娇嫩，平时摔倒不要忽视。"多多老师说："宝宝安全问题是一个家庭在孩子成长过程中最为关注的，孩子的身边充满了各种危险因素，家长不仅要守护孩子健康成长，更要让孩子学会如何保护自己，远离危险。"

本学期一开学我们班就建立了班级微信群，因为刚入园家长都很担心孩子，所以我会不定时地在群里发孩子们的照片或视频，让家长真切地看到孩子的表现，所以平时给我打电话询问孩子的家长少了很多，不会再影响正常活动和上课。遇上特别哭闹的孩子和长时间不入园孩子或者对孩子特别不放心的家长，我还会单独给家长发小视频让家长放心。当有班级或幼儿园重大活动时会发群公告，所有的家长都会看到，快捷、方便。我还会利用业余时间回答家长的问题，也会在群里鼓励其他家长积极发言探讨、交流教育经验，有了微信群不仅让家长了解孩子的在园表现，也为我对每个孩子的性格、爱好的了解提供了便利。家长微信群已经成了一个新的家园教育交流平台，方便了我们的工作，让班级氛围、家长关系、家长跟老师的关系更加温馨和谐了。

（二）微信内容的编写

微信是幼儿园最简便的网上家园互动平台，老师可以把班内的一些活动或孩

子的进步当天及时以短信的形式发送给家长,所以,微信内容的编写要保证及时性,同时注意编写策略,让家长和老师更便于交流,乐于交流。

1. 婉约式

在家长的心里自己的孩子是最好的,别人指出孩子的缺点肯定会引起家长的逆反心理,所以需采取婉约式的交流方式来与家长进行沟通。

案例

曹丽颖家长您好:虽然曹丽颖是个刚入园的孩子,从入园以来整体适应得不错,一日常规方面能做到按老师要求去喝水、如厕、吃饭,这几天还交到了自己的好朋友,我跟孩子们都很喜欢她,如果她在吃水果和吃饭时不乱扔东西就更好了,我们在幼儿园会慢慢引导她养成良好的卫生习惯,希望在家里家长也要注意培养孩子这方面的习惯。

我们不管用什么方式,目的都是跟家长沟通,因此必须做到言辞恳切、先扬后抑,如果让家长一看就生气,那肯定会适得其反,不但起不到沟通的作用还会造成老师和家长的隔阂。

2. 具体问题式

针对某个孩子最近一段时间出现的问题跟家长沟通交流解决方法。可以直接指出孩子学习和活动中的问题,直来直去。注意语言措辞不要太激烈。

案例

雯雯妈妈您好:最近中午睡觉时雯雯经常莫名其妙地哭。下午吃水果时有时还会躲到厕所哭,通过询问得知,自从你生了弟弟后不搂着她睡觉了,她很想你,我觉得问题已经比较严重了,她觉得妈妈有了弟弟冷落了她。我们在幼儿园已经跟她聊过,让她跟妈妈一起爱弟弟,但她心理上一时接受不了,希望你们在家多关注下孩子的情绪。

雯雯家长回复:王老师您好,谢谢你对孩子的关注,在家我也发现这个问题了,但这段时间她弟弟感冒了怕两个孩子传染,所以一直她姥姥带着她,我会多关注雯雯的情绪,等弟弟身体好了就把她接回来,谢谢老师,让您费心了。

雯雯妈妈您好:这段时间雯雯哭的次数减少了,也愿意跟其他孩子玩游戏

了，我还会有意识地问雯雯关于她小弟弟的事情，她说起来滔滔不绝，别的孩子很羡慕她有个小弟弟，所以现在一说起弟弟她就一脸得意的样子。

雯雯妈妈回复： 王老师您好，这段时间雯雯在家也非常高兴，有几次我想搂着她睡觉，她主动跟我说："弟弟还小，妈妈搂着弟弟睡吧，我是大姐姐了。"我听了特别欣慰，真的非常感谢老师对孩子的关注和培养。

3. 输送式

现在的家长非常关注孩子的学习和良好行为习惯的培养，所以会不定期地给家长们发一些教育名言和温馨提示的微信，引导家长做好孩子的学习和生活规划，教给家长科学的育儿观念和方法。

案例

（1）家教小贴士：每天放手一点点，孩子进步的进步会让你刮目相看。

（2）最近孩子们咳嗽的比较多，给大家提供几个小偏方可以给孩子试一下：

白萝卜和糖一起煮，煮出来的水给宝宝喝，就当是平时喝水一样就可以啦，可以化痰止咳、顺气的。把梨去皮去核，中间掏个小洞放几个冰糖，把梨放到碗里蒸，蒸出来的水给宝宝喝，梨是凉性的，有的宝宝喝了会拉肚子，可以给宝宝少放一点，观察没有不良反应再继续喝。如果还是不好的话，就要给宝宝看医生了。

（三）四类家长"占领"微信群

"班级微信群"里，家长大致可以划分为四种类型。

1. 热心型

学校一有活动，有的家长就会在群里问教师需不需要帮忙，像我们的秋季运动会游戏器材的搬运，都是家长义工很早赶到幼儿园来主动帮忙，去年圣诞节装饰教室、走廊的环境布置，都有家长义工的身影，还有的家长主动留下帮忙到八点多才走。作为老师真的很感动，有这么多好家长肯付出，我们当老师的很开心。

2. 学习型

家长中不乏有爱学习的，有时候在群里问今天孩子们学了什么，有时让其他家长把班级完成的魔尺造型图片发到群里让自己的孩子学。这类家长的求助总会得到老师或者热心家长的帮忙，一遇到不懂的事情，这类家长首先会想到在群里求助。

案例

形形因为身体原因，好长时间没入园了，形形妈妈每天晚上都会在微信群里问其他孩子家长今天孩子在幼儿园学什么了，热心的家长们会把孩子今天学的变魔尺的小视频、朗诵儿歌的小视频或折纸的图片发到群里给形形妈妈看，虽然没来幼儿园，但幼儿园里学的东西，形形都能掌握了，入园后不会因为学的某个东西不会而自卑，而是能很快融入到集体中跟其他孩子交流不同魔尺造型的变法。

3. 晒孩子型

有的家长会在群里晒出自己孩子的阅读图片、黏土作品或魔尺造型，许多家长会作出点评和赞扬。家长们这样做，既让其他家长认识了自家孩子，也让老师更了解了这个孩子。

案例

琪琪妈妈是个非常注重孩子阅读的人，觉得丰富孩子知识、让孩子多读书非常重要，每天都会在群里发琪琪阅读的照片，有时还会发琪琪讲故事的小视频，别的家长会打开小视频给孩子看，孩子想讲的也会发视频到群里，有的家长说他的孩子特别喜欢听别的孩子讲故事，每天晚上必须听完所有小朋友的视频才肯睡觉。大班下学期我们举行了一次故事大王讲故事活动，没想到所有的孩子都很大方，语言清晰，声情并茂，看来得益于平时在班级微信群里讲故事的锻炼。

4. 低调型

这类家长在群里比较低调安静。在家长微信群里很少看到他们发言，但他们总是及时关注，想了解孩子情况或对老师发的图片有问题时，会单独私信给老师或向其他家长求援。

案例

轩轩妈妈因为工作原因，平时跟我们交流比较少，但对班级微信群特别关

注,有一次我在群里发了几张孩子吃饭的照片,轩轩妈妈单独私信给我:"王老师,我看今天的饭菜有胡萝卜,轩轩在家从来不吃这个,我刚看照片轩轩在幼儿园竟然会吃,你们真了不起,孩子在你们的教育下不再挑食了。"我回复道:"上次吃胡萝卜时就留意到轩轩不爱吃,所以这次跟他商量,只要他能把胡萝卜都吃掉就会奖励他一个小贴画,没想到还挺管用,在家里可以把胡萝卜变着花样给孩子做着吃,让他慢慢喜欢吃胡萝卜。"针对轩轩的挑食问题,我跟轩轩妈妈在私信聊了几次,轩轩妈妈按照我们的建议来管孩子,孩子在家再也没挑食。

解决策略

(1) 在班级微信群中随时同家长交流,增强彼此间联系。有过交流沟通的家长会更加配合幼儿园及班级工作,参加亲子活动的积极性会更高。

(2) 幼儿园里经常会举办一些重大活动,比如家长会、家长开放日、秋季运动会、艺术节、拍球比赛、折纸比赛、亲子活动等,教师利用班级微信群中的群公告发出通知或邀请,所有的家长都会看到,快捷、方便。活动过程或结束后及时在班级群中发出活动的视频和照片,获得了家长对活动的大力支持和积极相应,家长也在班级群里积极同老师互动,活动结束后,老师会对本次活动进行及时总结,家长也会针对活动进行讨论和评价。

(3) 教师可以根据家长的教育误区,在班级微信群中分享一些科学育儿的文章和案例,让家长学习科学的教育理念。教师也可以在微信群中转发一些适合孩子的亲子游戏、手工等等,让家长能更有效地陪伴孩子成长。

(4) 利用微信群加强家长沟通,同家长在教育观点上达成一致,家长们可以在微信群中分享自己在教育孩子方面的心得体会或教育困惑,可以互相教育、互相启发,更好地教育好孩子。

(5) 利用朋友圈,了解幼儿和家长的育儿动态。

(6) 关注微信公众平台,了解幼儿园最新动态。微信公众号中会及时发布幼儿园的活动动态、教育教学动态、通知、班级活动、教师风采、每周食谱、保健知识等内容,家长可以在任何时间、任何地点自由地获取公众号的文章信息,十分便捷、直观,大大提高了家园之间联系的密切程度。

八、半小时亲子活动

亲子活动是做好家长工作的一种有效途径,是孩子与家长、教师与家长、家长与家长之间了解的重要途径,通过亲子活动可以使他们之间能够进行密切地交流,让家长走进幼儿园,了解幼儿园的教育理念,促进亲子关系的健康发展。

父母是孩子的第一任老师,也是孩子的终生老师。为了加强我们家园之间的沟通,增强家园间的合力,共同促进幼儿健康快乐地成长,开展丰富多彩的亲子活动,进行亲子教育势在必行。那么,如何有效地开展亲子活动呢?

(一)明确亲子活动的特点、目的和意义

亲子活动是一种以亲缘关系为基础,建构良好的亲子互动关系,实施亲情影响的有目的、有计划的教育活动。它将游戏活动作为主要教育手段,教学活动遵循幼儿的身心发展特点设计而成,为父母和孩子提供了共同游戏与学习的机会和条件,使父母获得恰当的先进的教育行为和教育观念,提高了家长的科学育儿水平,实现了幼儿学习、家长培训的指导思想,形成教师、家长与幼儿进行互动游戏的教学模式,这是亲子活动的最大特点。

亲子教育作为一种新型的科学的家庭教育模式,更强调父母、孩子在情感沟通的基础上,实现双方互动。因此要组织好这样的活动,首先应让大家明确我们亲子活动的主要目的是通过亲子间的互动游戏使孩子得到良好的发展,活动的主体是家长和孩子。

亲子活动全方位地开发了孩子们的运动、语言、认知、情感、创造、社会交往等多种能力,使孩子在快乐的游戏活动中,增进亲子感情,促进亲子间的交

流，最终促进孩子健康和谐的发展。

（二）活动设计应生动活泼，符合幼儿身心特点

在设计每个亲子活动时，应考虑到幼儿的年龄特点、认知特点及心理发展特点，将活动课程生活化、游戏化，更多地去关注一下幼儿的情绪、情感体验，建立一种科学化、游戏化、亲情化和互动化的课程体系，在多元化平台上为幼儿的潜能开发和个性发展提供全方位的服务，促进幼儿全面素质的提高。

让亲子活动以其本身固有的情趣性和娱乐性，吸引家长和孩子们愉快地参与活动，减轻家长们的重重顾虑，使家长感受到孩子们是在玩中学到了本领。通过参与实实在在的活动，家长和老师配合会更加密切、协调，从而更有效地促进我们家园互动、相互交流。

（三）加强教师的指导作用

1. 直接性指导。开展亲子活动时，家长可直接观摩老师指导孩子，也可请教师介绍一些教育观念及方法或者让教师直接告诉家长该怎样引导孩子完成游戏。

2. 个别性指导。在父母指导孩子游戏的过程中，教师可个别指导父母应该怎样去做。

3. 评价性指导。在每次活动的结束部分，教师可将活动中观察到的父母指导孩子的一些好的例子介绍给大家，然后分析其中一些科学的观念及方法，以此带给大家一些启发。

4. 点拨式的指导。在父母指导孩子活动发生困难时，教师应帮助父母提供解决问题的方法，并告诉他们为什么要这样做。这样家长在以后再碰到此类问题时就有了可以借鉴的经验。

教师有针对性的指导缩短了教师与家长的距离，使家长在活动中获得了正确的育儿观念和育儿方法，并将观念和方法融入到与孩子相处的每一刻，从而最终实现促进孩子健康和谐发展的育儿目标。

（四）重视家长在活动中的主动性

1. 亲子活动中家长既是活动的承载者又是活动的传递者，教师必须尊重家长，以平等合作的态度对待家长，同家长共同商量，取得家长的支持与配合，对于良好的亲子教育氛围的形成起到良好的促进作用。

2. 兴趣是孩子活动的动力和出发点，因此家长在活动前应注重激发孩子参与的兴趣，只有和孩子一起共同完成他感兴趣的活动，一同克服困难，共同享受成功的喜悦，才会同孩子建立起一种心理上的交流平台，才能了解到孩子真实的心理活动与想法。

3. 家长要根据孩子的实际情况选择合适的目标，指导孩子的活动。有很多家长都错误地认为，要求越高对孩子越有帮助，其实不然。只有适当的要求才最有利于孩子的发展。有的家长在指导孩子活动时，因为孩子违背自己的意愿或未达到要求，家长就不耐烦了，严厉地指责孩子，批评孩子，使原本快乐的游戏活动不再受孩子的欢迎。这对孩子成长是极为不利的。

4. 家长在活动中要注重幼儿能力的培养。如果家长在和孩子一起活动时能多问孩子几个"这该怎么玩"，"让我们一起试试，好吗？"我想会更好地培养孩子的探索精神和创造能力。在亲子活动时，家长还可以从孩子的各种表现中进一步较全面地了解孩子，从而有针对性地教育孩子。

5. 家长要信任孩子。在进行亲子活动时，很多家长怕孩子失败、怕孩子受委屈、怕孩子不行，往往牵着孩子的手不放，致使孩子失去了锻炼的机会，出现了胆小、任性和一些不良的行为，令人后悔莫及。所以在此提醒所有的家长朋友，要尽可能多地给孩子提供获得锻炼的能力，发现孩子，相信孩子，信任孩子。

6. 家长应多用鼓励的方式评价孩子，让孩子体验到成功的快乐。欣赏孩子是一门艺术，成人的鼓励会给幼儿以信心与动力，让孩子努力做好一件事。所以在孩子成功或失败时，家长应多以鼓励的方式评价孩子。

总之，亲子活动以其生动、活泼、有效、实用的教育形式促进了幼儿的全面发展，也给家长们提供更多和老师交流的机会，是幼儿园教育的延伸。今后我们将义不容辞地引领家长更好地走近亲子教育，倡导亲子互动，增强家园合力，共促幼儿成长。

亲子活动的形式可以是多种多样的，在此不再赘述。

第三部分 家园共育——教师

九、家园双向互动研讨会

双向互动式研讨会，是针对以往"教师讲，家长听"的单向会议形式提出的。例如在"让我们架起学校与家长沟通桥梁"的研讨会上，让幼儿家长了解家园共育的重要性和如何去配合幼儿园开展各项工作，会上，教师和家长、家长和家长的交流如火如荼，气氛非常融洽，而且这对以后幼儿园家长工作的开展起到很好的推动作用。

每学期开学，幼儿园都会举行家长会，每次都会采用"老师讲家长听"的传统灌输形式，参加的次数多了家长们也知道了开会形式无非是班级计划、孩子发展标准等，不再对家长会感兴趣，有时讲的内容也不是家长迫切想了解的，反而是家长会结束后一两个家长问的问题更能吸引家长驻足聆听。所以我园摒弃了这种旧形式，把家长会变成了"研讨会"，让老师和家长、家长和家长围绕一个问题共同讨论交流，开会过程中家长不再只是被动的听众而是成为了一个参与者，大胆讨论育儿经验和看法，采用主题式、集思广益式、轮流问答等形式，使场面火爆，效果更佳。

案例

如何开好"幼小衔接"主题研讨会

活动目标：

1. 让家长树立正确的"幼小衔接"意识。
2. 了解如何从生理和心理上帮助孩子作好幼小衔接。

活动准备：

1. 提前通知家长本次活动主题和内容。

2. 收集家长们关于幼小衔接的困惑和问题。

3. 选出家长主持人。

活动过程：

1. 律动游戏《大雨小雨》开场，营造活动氛围。

2. 家长主持人念开场词并介绍本次活动的目的，然后在大屏幕上出示本次活动收集的家长关于"幼小衔接"的问题，请家长思考。

3. 通过游戏"击鼓传花"让家长轮流来回答大屏幕上的问题，介绍自己在平时是如何做的、如何理解的，游戏反复进行。

4. 请小学老师介绍孩子入小学后会出现或面临的一些问题，提醒家长们如何帮孩子做好幼小衔接。

5. 自由问答讨论时间，任何家长都可向老师提出自己的困惑。

6. 总结本次活动。

案 例

如何陪孩子阅读

活动目标：

1. 了解早期阅读的重要性，并了解陪孩子阅读的一些技巧方法。

2. 知道如何给孩子选阅读材料。

活动准备：

1. 把会议的主题、形式和时间通知给家长。

2. 选出绘本《猜猜我有多爱你》作为家长会的交流内容。

3. 制作PPT及场地的安排整理。

活动过程：

1. 用《大大小小》作为开场游戏，营造活泼的活动气氛。

2. 跟家长共读绘本《猜猜我有多爱你》，然后一起讨论书中的教育价值是什么？如何给孩子讲并引导孩子理解故事的内容？利用开火车游戏讨论交流，老师及时点评。

3．讨论"孩子不爱看书怎么办"，利用开火车游戏讨论交流方法，老师及时点评。

4．讨论"如何给孩子选择阅读材料"？利用开火车游戏讨论交流，老师及时点评。

5．老师总结本次活动。

十、家长会

幼儿园为了加强与家庭的沟通，更好地了解孩子的在家表现，可以定期或不定期地召开家长会。利用家长会，家长可以对孩子的在园情况有一个更全面的了解与把握，让家长了解老师的工作情况，更好地配合班级工作。

幼儿园家长会有多种形式，主要分为新生家长会、班级家长会、部级家长会和全园家长会。

（一）新生家长会——让信任从第一次家长会开始

新生家长会是幼儿园家长参加的第一次家长会。我们一般在新生报名后、开学前召开。父母是否得到帮助或指导，将会影响家长对幼儿园的信任。因此，教师必须高度重视，做好充分准备。

首先，向家长介绍幼儿园科学的教育理念、幼儿年龄的特点以及幼儿园教育与家庭教育的异同，引导家长正确理解和认识幼儿园教育，为实施家园共育铺平道路。其次，指导家长做好幼儿入园前的准备工作，主要向家长介绍幼儿在园一日生活，让家长了解孩子在园里的生活过程，老师如何照顾孩子，并对新入园的孩子进行心理状况分析，从而帮助家长消除孩子入园带来的焦虑和家长的焦虑心情，引导家长正确地与老师合作，使孩子尽快度过焦虑期。

一个成功的新生家长会会使家长对幼儿园有了初步的了解，增强了对幼儿园各项工作的理解和信任，积极与老师合作，缩短幼儿入园的焦虑期，为全年的育儿工作打下一个良好的基础，同时也迈出了家园共育的第一步。

（二）班级家长会——家长支持配合班级工作的关键

班级家长会主要由各班老师召开，主要向家长介绍孩子们在幼儿园里学习和生活的情况、能力发展情况、学期的教育教学工作、家园共育工作、家长对班上工作的讨论以及家长的意见和建议。在举办班级家长会之前，每位班主任都会全面、细致地总结班级工作，掌握班内每个孩子的情况，做好全员家长解答的准备工作。或者根据班里的实际情况，向家长出具问卷调查，了解家长的需要，然后根据家长的意见需求确定家长会的内容，这样家长会才能真正适应家长的需要，帮助家长掌握先进的教育理念。

（三）级部家长会——明确各年龄阶段的教育目标和培养重点

3—6岁儿童的身心发展存在差异。如果家长不了解儿童发展的规律，就会偏离幼儿园教育和儿童的身心发展规律。因此，级部家长会显得尤为重要。

根据各年龄段幼儿的发展特点，根据《3—6岁儿童的学习发展指南》，向家长明确教育目标和培养重点并提出要求。家长要配合幼儿园的教育，让家长们能够了解在各个年龄段的孩子教育中应该注意的问题。这对促进儿童的发展是有益的。例如在学期开始时，级部主任就幼儿在幼儿园和家庭教育中的常见问题进行整理，然后结合各年龄段儿童的特点和培养目标，确定各年龄段的家长会内容。

开好级部家长会可以让家长对幼儿园的工作给予更多的支持与配合，帮助家长根据孩子的年龄特点进行教育，提高家长的科学育儿水平。

无论是什么样的家长会，都要立足于诚实、求精、求真、求新的精神，从会议内容上看，体现主讲人教育的专业性，应符合幼儿教育的规律和特点，让家长感受到老师贴进幼儿和家长的实际，真实可信。每一次家长会都应该让家长掌握新的教育信息，为家长提供科学有效的教育方法，使家长获得新的教益。总之，开好每一次家长会是提高家长对幼儿园的理解和信任的基础，是实施家庭教育的有效途径。

我们幼儿园家长会没有固定的程序和模式。一般来说，根据会议的内容和时间，制定具体的程序，不可过于频繁，时间可长可短，但不要过于冗长。

（四）家长会召集时应考虑的几个问题

1. 主讲人应脱稿并站着与家长交谈，仪容要端庄大方。
2. 我们应该使用多媒体等先进教学手段来让家长感觉直观和清晰，教师讲

解时也方便、快捷，让人一目了然。

3. 孩子的半个学期活动应该都要讲，要涉及到每个孩子，不能只说出一套理论而不触及孩子的学习生活内容，因为家长来开家长会的目的很明确，就是来听听教师对自己的孩子是否肯定、认同，了解孩子的在园学习和生活情况。

4. 家长会后一定要做好家长的工作。几十个家长有几十个想法，他们对教师的工作方法、教养成果褒贬不一。教师可以通过班级微信群发布信息，对家长的参与表示感谢，同时征集家长对于自己工作的意见和建议。只有良好顺畅的家园沟通，才能让家长理解、支持教师的工作。

第四部分

家园共育——家长

第四部分 家园共育——家长

一、选择适宜的沟通方式

每位家长的性格不同，在与教师交流时表现也不尽相同。教师在与家长的接触中可以了解家长的不同性格，因人而异地开展教育合作。

（一）巧用语言艺术

有的家长性格外向，有什么说什么，不怕得罪人；而有的家长讲求与人沟通的技巧，能在愉快的交谈中解决问题。针对不同的家长，教师首先要了解家长到底需要什么，我们能为他提供什么样的帮助；其次在做好工作的同时，要充分利用家长的语言优势，巧用语言艺术，调动这些家长的积极性共同开展合作教育。

案例

晨间接园时碰到一位家长正在和老师交流，家长说了一句："老师，我孩子是不是很调皮呀"？那位老师接着说："是呀，你孩子太调皮了，昨天把我们班的花瓶打碎了，前天又推倒了一个小朋友……"老师滔滔不绝地诉说着孩子的种种行为，而家长的脸变得通红，一脸的沮丧、失落，内心被老师打击得"七零八落"，原来她的孩子在老师眼里"一无是处"，她再也没有勇气和信心与老师交流。

解决策略

（1）当与家长的看法有分歧时，也应平心静气地讲清道理，说明利害关系，既要以礼待人，更要以理服人。

（2）用真诚的语言或行动去与家长沟通，动之以情，晓之以理。以诚感人，唤起家长教育孩子与教师配合教育的真情。

（3）注意谈话形式与方式。教师与家长的关系应是平等的关系，应像对待朋友或客人那样，用商量或交流的口气；态度要随和，语气要委婉，语态要真诚，语调要亲切，语势要平稳，语境要清楚，语感要分明，使家长听起来亲切、明晰、乐于接受。

（4）语言务求得体和有分寸。谦虚、中肯、客观，掌握好分寸，语气不夸大，不说过火的话、不说力所不能及的话，讲话要温和，不用过激词语，不摆逼人气势，语气要诚恳。

（5）和家长谈话时，一般应先讲孩子的优点，后讲缺点，对孩子的缺点也不要一下讲得过多。应该给家长一种感觉：孩子每天都在进步。只有如此家长才会愿意接受教师的建议，愉快地与老师合作，对孩子的优缺点才能正确认识和正确对待。

（6）要注意了解各种忌语，尽量不说别人忌讳的话。

（二）化被动为主动

有的家长性格内向，不善于主动与教师沟通，但幼儿园组织的各项活动都能积极参与，并主动为班级提供力所能及的帮助，对班级的活动要求也能积极配合，这类家长是在用行动与教师进行合作。

案例

涵涵的妈妈是个性格安静的人，平时跟她交流她都是笑容满面，但就是略微

不善言谈，老师怎样做才能拉近与她的距离呢？一天，张老师在上语言课，涵涵表现特别踊跃，而且语句用词都特别好。看到这种情况，我给家长发了一条微信：通过孩子在活动中的表现，我知道你是一个很用心的家长，在家中你一定和孩子经常看书，有自己的教育思想。最近我们让家长写《教子有方》的文章，你一定要把你的做法写出来，我们可以在校报上发表。

涵涵妈很快给予了回复："真没想到老师如此关注涵涵，作为家长，我非常感谢老师，我平时就是对孩子很上心，希望孩子能有自己与众不同的优点，我一定写好这篇文章。"通过这样的方式，这些不太爱交流的家长看到了老师也是时刻关注他们，没有忽视这些家长和孩子，所以，对待班级工作，他们也把自己当成班级的主人，不再充当旁观者。

还有的家长性子急，有时候弄不清楚状况的时候急于发火，貌似有点不讲道理，实际上是他们没有自信和安全感的表现。作为老师，要善于捕捉家长脾气不好背后的故事，化干戈为玉帛，这才是真正的教育智慧。

案例

班里晴晴的妈妈是一位美甲工作者，平时比较忙，很少来接送孩子，都是由晴晴的奶奶来接送，所以跟老师交流不多。有一次班里订书，晴晴妈妈想给老师发红包交费，那个时候微信群刚刚建立，在群里发红包还不是很方便，所以我就跟她说最好还是交现金。可是过了几天，因为学校有了通知，可以用红包来交书费，所以在班里好多家长在交别的费用的时候，都是通过发红包的方式进行的，晴晴妈妈记在心里，跟我说她心里就是很不舒服，为什么自己给老师交红包老师不收，别人就可以呢？这是最初的心结。后来有一次，因为学校退生活费，要求家长们每人办一个农村商业银行的卡，第二天要把卡号交给老师。第一天下完通知，当第二天开始要卡号的时候，晴晴妈妈给我发了好长的语音消息，非常恼火，说自己还没有办好，为什么学校不多给他们点时间，指责学校的安排不到位。

解决策略

（1）教育者必须先受教育，正人者必须先正己。教师先受教育的有效途径

就是加强自身修养，努力学习具有高尚的师德和良好严谨的师风。

（2）尊重家长是有效沟通的前提，每位家长都希望自己有一个引以为荣的孩子，老师不能一见面就告状，埋怨数落，让家长有自豪感、优越感，家长才能接受老师的理念。

（3）一个班集体要有凝聚力，需要充分利用家长配合幼儿园的教育。比如聘请家长担任义务老师，不定期地将家长请进教室为孩子上课。家长的力量是不可小觑的，在家长的配合下，增进了班级工作和孩子父母之间的了解，对班级工作大有裨益。

变被动为主动，是谈话中要运用的一个很实用的技巧，当家长的问题很难回答，教师回答肯定与否定都可能出错时，那就先不要回答，把问题再还给对方。这种情况下，应抓住时机，把愤怒或者矛盾的情绪化为幽默，不管多无礼的家长，只要通过幽默的方式，把语言夸张到既荒诞又微妙的程度，就能够转怒为喜，变被动为主动。特别是孩子磕伤时，有很多老师常常被家长愤怒的情绪和气势逼入死角，场面极其尴尬，一般对方咄咄逼人的谈话，总是有备而来，或是对自己的条件估计得比较充分，让教师从一开始就处于被动。但只要对家长真诚，讲究工作策略，就没有化解不了的矛盾。

（三）让家长"替"老师沟通

有的家长在与教师沟通中表现出良好的积极性，他们对教师的工作给予肯定，同时通过与教师的沟通，表现出对参与幼儿园活动的强烈愿望。教师应充分利用家长的这种表现能力，让有能力的家长在活动中最大限度地发挥优势，丰富活动内容，增进家园间的联系与沟通。

案例

瑞瑞的爸爸是个交际能力特别强的人，从来不计较自己的得失，在班级活动群里特别活跃。元旦到了，我们班级里要开展元旦晚会，可是活动的道具还没着

落，这时瑞瑞的爸爸出场了，他说："老师，你不用管，我来给你们策划策划。"利用周末，瑞瑞的爸爸买了彩龙、气球和小礼物。我在群里对他进行了肯定，其他家长也表示拥护，大家齐心协力，在活动形式和内容上提出了不少的建议。元旦晚会那天，孩子们表演了一些小节目，我们的爸爸团也表演了特别搞笑的节目。在说说笑笑间老师与家长拉近了距离，家长对老师的信任度提高了，同时家长和家长之间也建立了友谊。这样，良好的班级氛围在与家长的互动中就建立起来了。

解决策略

（1）让家长参与到管理中，幼儿园有重大活动，让家长参与重大决策。利用家长管理委员会和家长进行商谈。

（2）吸取他们的智慧，促进幼儿园管理工作正常、有序、人性化地开展。

（3）对比较有热情又比较缺乏教育经验的家长，幼儿园可通过各种各样的方法，让家长定期或按需要参与孩子的教育过程，如参与园方的日常事务，协助孩子参加园内开展的活动，担任幼儿比赛的裁判，一起协助举办大型活动等等。

二、适应家长的需求

　　《幼儿园教育指导纲要》中指出幼儿园应与家庭密切合作，与家长相互配合，尤其在"组织与实施"这一部分中，还明确指出：家庭是幼儿园重要的合作伙伴，应本着尊重、平等、合作的原则，争取家长的理解、支持和主动参与并积极支持、帮助家长提高教育能力。要提高幼儿的素质，仅靠幼儿园是难以实现的，唯有重视家长工作，努力做好家长工作，帮助家长转变观念，及时与家长进行沟通，让家长主动参与到幼儿园教育中来，使他们成为教师的合作伙伴，才能有效地提高幼儿园保教工作的质量，促进幼儿全面健康发展。由此可见，家长工作在幼儿教育工作中起着极为重要的作用。

　　随着当今时代的快速发展，幼儿教育也在不断改革。家长工作已经成为幼儿园教育工作中不可缺少的一个方面，而且越来越受到教育界的重视。一方面家长作为幼儿园重要的合作伙伴，幼儿园的发展离不开家长的信任、支持与宣传。另一方面家长在育儿教育的过程中同样需要被引导，需要有人示范告诉他们该如何做。同时在教育过程中，家长需要老师和其他家长的支持与鼓励，所以家长需要信任，需要支持。

　　家长作为教师的合作者加入到幼儿教育中，将有利于教育质量的提高，但是这一合作是否取得成功还受到许多条件的制约，其中教师与家长之间和谐、顺畅地沟通就是最重要的一环。

第四部分　家园共育——家长

三、合理利用家长教育资源

在现阶段的幼儿园教育工作中，家园共育是一个很重要的方面。从不同的角度来说，家园共育促进着幼儿园的进步。

家园合作的目的是帮助家长与孩子、家庭与教师、家庭与教育工作团体之间的沟通，使整个社会都来关心孩子的发展，从而保证每个孩子的健康成长；为家长和教师提供相互支持的环境，使孩子从中获得安全感，满足孩子的行为需要；为家长提供合作和参与的场所。在这一场所中，鼓励每一位家长去观察和讨论自己的孩子与其他孩子发展和成长的问题，满足家长的参与愿望与体会互惠的感受。同时，也给我们老师提出了更高的要求，我们的工作必须更加细致、更加精心、更加扎实。

（一）家长的职业资源

家长们从事着各行各业的工作，都有自己的一技之长。我们有效地利用这份优良的家长资源，把家长请进幼儿园班级，给孩子们上一节生动有趣的实践课，既发挥了家长的特长，也给了家长一份展示自我的机会，同时，也提升了幼儿在班级中的自信。

不同的家长所从事的职业是不同的，教师应吸引家长参与到幼儿园的教育中

来，与教师形成优势互补的关系，以充实幼教力量。各个行业的家长带来的丰富多彩的教育素材，可使幼儿开阔眼界，获得一些社会知识和经验，使家长的教育资源转化成活动，这样不仅增强了家长的主人公意识，而且活跃了活动的气氛，使幼儿园教育的内容和形式更加丰富多彩。

在实际的教学工作中，我们幼儿园也充分利用家长的职业资源并采取了多种家园合作的方式，比如学期初我们都会进行家长专题讲座、级部家长会，邀请知名专家为家长进行专题讲座，通过这种渠道来丰富家长的育儿知识，以此来让家长认识到自己身上的教育价值，让家长积极主动地参与到幼儿园活动中来。家长有了这方面的认识，我们再通过家长进课堂活动，把家长邀请到班级中来给孩子们上一节生动有趣的课。

家访活动。每个学期老师们都会对家长进行家访活动，走进家庭了解每个家长的教育方式与个人特长，为他们排忧解惑，对好的育儿方法进行分享。

家长进课堂。邀请各个行业的家长到班级中，他们有的是医生，有的是蛋糕师、警察、消防队员，让他们走进班级为幼儿带来一节丰富的社会活动课能开阔孩子视野，丰富幼儿社会经验。

班级家委会。班级中设立家委会，邀请家长配合老师一起管理班级，家长在班级管理工作中奉献着自己的力量，集思广益为班级出谋划策。

家长志愿者。园内的大小活动都会有家长志愿者的身影，可邀请有精力、有能力、热心的家长做家长志愿者，协助幼儿园开展各项活动。

1. **家长职业资源的优势**

各行各业各有所长。每个家长所从事的职业不同、社会性定位不同，带给孩子的教育也就不一样，我们正需要这些正面的教育力量来丰富我们的班级教学活动。

案例

班里清清小朋友的妈妈是一名老师，讲故事非常好听，经常在学校故事会公众号发表好听的故事，每天中午孩子们都伴随着好听的故事入睡。班里的孩子们都喜欢听她讲故事，同时对这位"妈妈"也非常喜欢，为了满足孩子们的愿望我们邀请了清清妈妈走进班级，为我们带来一节有意义的教育活动。

这一天，清清妈妈来到班里，为孩子们讲了好听的故事，同时也教给孩子们

第四部分　家园共育——家长

阅读绘本的小技巧，并纠正了一些孩子的发音问题，最后，孩子们在好听的故事中结束了本次活动。

活动结束后，我发现很多小朋友在阅读区里会模仿清清妈妈说话的声音、语调，模仿她讲故事的样子。而且阅读区里也热闹了起来，以前每次玩区角的时候，枯燥乏味的阅读区没几个小朋友喜欢进去，现在阅读区成了门庭若市的热门区。很多小朋友爱上了阅读。

案例

班级角色区的小银行是孩子们最感兴趣的，每次玩区角都是人员爆满。于是我在班级群里向家长们寻求资源，了解到阳阳的妈妈是一名银行职员。我想这是一个很好的机会，便开展一次班级社会实践活动——参观银行。我先把阳阳的妈妈请到了班里，为孩子们普及关于银行的一些知识，在班级区角里实地模拟银行的工作流程。孩子们对银行有了初步的了解以后，我便与家委会协商带领孩子们参观银行，我们请阳阳妈妈做导游，参观了她所在的一所银行。

早上我们准备出发了，孩子们特别兴奋，因为平时他们见到的大多是提款机，有的跟着家长到过银行，但是没有去亲身实践过，并不知道怎么办理业务，不知道工作人员手里的那些单据是用来干什么的。有了前期的体验，孩子们一路上很遵守规则，也很兴奋。

到达银行后，阳阳妈妈接待了我们，给孩子们分别介绍了银行的各种标志、各个窗口的作用、柜台取款的流程、怎样填写单据、怎样汇款、如何使用自助取款机、如何区分真假人民币、遇到意外情况如何申请救援、银行报警电话等等。讲解完了又请小朋友们模拟办理业务，还观看了银行安全知识小视频等等。一个上午的时间，孩子们在快乐的实践中增长了知识，获得了美好的生活体验。

回来后，孩子们在角色区玩的时候也比以前更遵守规则了，也学会排队等待了，有的小朋友还学着银行工作人员的样子为大家办理业务。看到孩子们的进步，家长们都很高兴，都纷纷报名要来班里当义工。

案例

轩轩妈妈是一位蛋糕师，会做蛋糕和各种甜点饮品，经常在班级活动中为大

家提供美味可口的蛋糕。端午节到了，我们要举行亲子活动——包粽子。于是我们邀请轩轩妈妈来班里组织这次活动。

活动前家长自由结伴分组，确定好分组以后轩妈给大家规定要带的食材，大家自由去准备。活动这天，家长们带来了各种各样的制作工具和材料，轩妈教大家包粽子，大家不一会儿便学会了，小朋友们也很积极，学得有模有样，家长们都惊叹不已。包完了开始煮粽子，分享美食。因为有的小朋友不喜欢吃粽子，轩妈便给孩子们制作了美味的百香果饮料。这次活动大家其乐融融，孩子们回家以后还让爸爸妈妈像轩妈一样给自己制作美食。

看到大家的这股热情，我便邀请轩妈担任班级美食顾问，负责教大家做美食、做一些孩子的辅食之类的，教给大家一些制作饮食的小方法。大家有关于孩子吃饭方面的问题也会在班级群里咨询她，从此班级群里便活跃了起来，大家有了共同话题。现在有的家长来送孩子时，开心地跟老师说："我家孩子以前很挑食什么也不吃，给他奖励后，挑食的毛病也不见改善，孩子吃顿饭大人就感觉特别累，现在回到家里什么都吃，还说轩妈说了，多吃蔬菜有营养。"有的家长则说："我自从跟轩妈学会了制作美食后，天天给两个孩子做美食，把他们的食欲都调动起来了，现在我们家里都喜欢吃我做的饭。"有的小朋友回到家里则替爸爸妈妈洗碗洗菜、煮水饺，孩子说妈妈做家务太辛苦了。其实，这些都归功于我们的家长义工啊！

2. 有效合理利用家长职业资源

教师要善于发现、有效利用。对于班级中的家长资源要及时挖掘、合理引导让其为幼儿园发展服务。如请家长助教走进幼儿园、邀请特殊行业的家长（警察、医生、蛋糕师、消防员、导游……）走进幼儿园，为孩子们带来一节特殊的社会性实践活动。例如有的家长是警察，我们就邀请他到班级中来给小朋友讲解一下警察叔叔的职责，让家长参与到班级的主题活动中来，幼儿的学习兴趣就更高了，学东西更快了，也会使幼儿园的教育教学活动更加丰富多彩。

案 例

交警叔叔进幼儿园

班里乐乐的爸爸是交通警察，为了配合班级"我在马路上"这一主题的教

学，让孩子了解更多关于交通安全方面的知识，一天上午，老师邀请交警叔叔和阿姨们一起走进课堂，为孩子们带来了一堂别开生面的交通安全课。

交警叔叔跟阿姨们给孩子们带来了一些关于交通标志的小册子，教育孩子们认识交通标志，了解这些标志的意义和作用。还给孩子们观看了关于交通安全的动画片，让孩子们了解一些基本的交通规则，教育小朋友从小要有交通安全意识，养成遵守交通规则的良好习惯。最后，孩子和交警叔叔们一起做了"交通标志作用大"的游戏。

（1）多种渠道了解家长信息，为开展家长工作打好基础，帮助家长树立科学的育儿理念。有的家长工作较忙，平时都是被动地参加幼儿园的活动，因此有的会很不情愿，不理解幼儿园为何会有这么多在他们看来是毫无意义的活动，教师要引导其认识到自身的教育价值，让家长变被动为主动。

（2）在幼儿园有些活动需要幼儿亲身体验并有一定的社会性经验，这是老师无法给予的。这个时候我们便可以借助家长职业资源的优势，引导家长参与其中。

（3）教育家陶行知先生说过"生活即教育，教育即生活"。生活中处处是教育，教师应抓住契机合理引导家长参与到教学活动中来。教师要根据家长的实际情况来调整，有活动需要家长参加时提前下通知，便于家长合理安排时间，切不可太过频繁或太急促。

（4）要对班内的家长有所了解，知道家长的关注点和兴趣点在哪里。

（5）多与家长沟通，通过家长微信群、教室版面宣传栏等方式让家长随时了解班级动态，了解老师对班级工作的重点。同时可通过幼儿园的一系列活动，比如半日开放、亲子活动、亲子趣味运动会、春游……邀请家长参与其中，与幼儿一起学习、进步。

（6）及时反馈，对家长工作进行肯定鼓励。每次活动结束后，我们都会通过班级微信群、班级宣传栏、美篇等形式把活动视频、图片等展示出来进行推广宣传，同时感谢家长对我们工作的支持和帮助。活动结束后教师要及时对家长参加情况作出反馈与肯定，及时采纳家长建议，对活动进行反思与总结。

案例

雨涵是一个非常聪明的小朋友，但是性格很孤僻，经常独处。一次，我布置

孩子们做口头作文。第二天所有小朋友都带来了，只有雨涵没带来，接连好几次都是这样，慢慢地我感觉到孩子正在不停地退步，与别的孩子之间的差距也越来越大。

第二天奶奶来送孩子，我便与奶奶进行了沟通。我了解到原来孩子的父母离异，孩子长期跟随爷爷奶奶生活。由于爷爷奶奶年纪较大，对于教育孩子方面没有什么经验，所以雨涵性格比较孤僻。但是雨涵奶奶却是一个非常关心孩子教育的人，只因老人没有经验不知怎么办。奶奶说："老师，最近班里有什么活动吗？孩子在园里还适应吗？我不会使用微信，收不到班级信息。"

了解到情况以后，我利用每天放学时间与奶奶做简单沟通，通过家访与雨涵爸爸沟通，使其意识到孩子教育的重要性，尽量多陪伴孩子，弥补孩子缺失的爱。

（二）家长个体资源

家长的个体素质及其个体特征，存在着极大的个体优势，不同的家长有不同的爱好和兴趣，只要合理开发、利用就能取得最佳效果。

我们针对每个幼儿家长的个性特点、职业特点、家庭背景有的放矢地开展个别沟通、对话、交流工作。为每个幼儿家庭建立联系档案、父母职业信息档案，了解父母文化程度、特长等等，注重发挥家长独特的教育优势，动员他们参与幼儿园教育活动，并及时给予肯定、鼓励、赞扬。这样，最终形成家园之间良好的互动局面。

有的家长性格开朗、爱好广泛、充满正能量；有的家长热心助教、为班级出谋划策；有的家长心灵手巧、富于创造，为班级主题墙与环境创设提供创意；有的家长则擅长口语表达，组织能力强，喜欢走进班级讲故事。这些独特的技能及性格特征也可以看作家长的一种个体素质，是家长潜在的教育资源。因此，家长个体优势资源和幼儿园教育的结合，同样能取得意想不到的收获。若将这些家长的个体资源结合到幼儿园的各方面工作中，定会为幼儿园注入一些新鲜力量，对

于幼儿的健康成长也是非常有利的。

案例

乐乐的妈妈干个体工作，家里有一个蔬菜大棚，里面种了各种各样的蔬菜。每次幼儿园的小菜园里播种、收获的时候她总会热心地来帮助我们，给孩子们讲解各种蔬菜的种植方法、营养价值。有时候还会从家里带来自己培育的蔬菜新品种，跟孩子一起种在小菜园里。

案例

家长从事不同的职业，如果请家长来做"家长志愿者"，利用自己的优势和特长，拓展孩子的知识面，对促进孩子全面发展、健康成长是十分有利的。

我们第一次家长义工活动是做面食。芳歌奶奶和妈妈、泽良妈、国正妈、子芮妈很早就带着准备好的面板、剪刀、豆沙、果酱等用品来到了班里。孩子们很高兴地跟她们打着招呼，很准确地说出这些都是谁的家长，她们很惊喜自己在孩子们中的知名度。我简单地介绍了一下当天的活动后，大家洗净手开始准备动手做面食。妈妈们仔细地跟孩子们介绍着制作的面食的名称和要领：团面、压面、捏面、包馅、剪刀定型、绿豆点眼睛……孩子们目不转睛地看着、交流着。在孩子们期待的目光中，一只只小刺猬活灵活现地呈现在大家面前，孩子们激动地欢呼鼓掌。接着在芳歌奶奶的带动下，小兔、小鱼、仙桃新鲜出炉了。芳歌妈妈问孩子们还缺什么，孩子们发现还缺眼睛，泽良妈妈故意要把两粒绿豆放上去的时候，孩子们大声说："小兔的眼睛是红色的。"家长对孩子们投以赞许的目光。

（三）家庭资源

父母是孩子的第一任老师，其榜样作用潜移默化地影响着孩子。家庭教育资源是不能用钱来衡量的，只要家长用心去做就可以了。教师要善于发现家庭中的优势资源，让家长看到这些资源对孩子发展的良好影响并乐意为其

他家长义务服务。

1. **家庭资源的优势**

家庭是孩子最早接触的环境，我们说，三岁看大，七岁看老。人生历程与家教息息相关。家长教育资源表现在家庭物质环境与精神环境当中，家长是否拥有好的家教不仅对孩子起着促进作用也对班级工作起着良好的作用，一个班级孩子的整体水平反映着其家教水平。

案例

家长进课堂

班里浩浩的语言能力特别强，在和家长的交流中得知，孩子的爷爷经常给孩子讲故事。于是我们的老师邀请孩子的爷爷每周三下午离园前半小时来给孩子讲故事。孩子的爷爷很热心，觉得这是发挥他余热的好机会，为了给孩子们讲故事他还专门制订了计划。爷爷的故事讲得好，大家都叫他"故事爷爷"，故事爷爷影响着班级里的孩子，他的精神也带动和感染着其他家长。

沐阳非常喜欢阅读绘本，并且能够自主阅读，语言组织能力较强。沐阳的奶奶每天晚上都会跟孩子进行半个小时的亲子阅读，从孩子一岁开始一直持续到现在。与沐阳奶奶交流中可以看出，奶奶是个爱读书的人，每次读书都会用小本子记录下来好的词语还有自己的感受，并且有很多方法让孩子喜欢阅读，在这样的家庭环境中沐阳小小年纪便能够自己看懂很多绘本。于是，我们邀请沐阳的奶奶走进班级，开展阅读活动。很快班里便有了很浓厚的书香氛围，孩子们这种氛围中逐渐爱上了阅读，每周借阅绘本的数量也多了，讲故事也变得积极了，家长们纷纷夸赞孩子们有进步。

2. **有效利用家庭资源**

（1）充分认识家庭资源的丰富性，与家长之间建立起平等的合作关系。

（2）重视家庭资源的作用，用真诚的态度，自觉、主动地与家长沟通联系，促进家园共育，不要以"轻视""忽视"的姿势去看待家庭资源，更不可以将不好的情绪传达给家长，与家长的联系工作要认真，不要只做表面工作。

（3）教师要向家长如实反映孩子在园的实际情况，做到报"实"不报"虚"，真诚地与家长进行沟通交流，有问题及早与家长沟通，消除隔阂，赢得

家长的信任。

（4）提高家长对家庭教育的重视程度，引导家长积极参与到班级工作中来。

（四）家长委员会

为了充分增强幼儿园与家庭之间的有效沟通，创建具有现代教育理念与家庭教育体系的高品质特色幼儿园，为家长与幼儿园的交流、沟通与合作搭建一个良好的平台，努力营造有利于幼儿健康成长的环境、构建家园和谐。新学期开始，每班都会通过家长自荐、老师推荐、园办审核等程序，成立和组建新一届的家长委员会。家长委员会成员通常由教育经验丰富，关心、支持幼儿园工作的家长代表组成，每班设家委会成员2－3名。

为此我园还会在新学期开始，召开新一届家长委员会会议，邀请全园近60余名家长委员参加，园长会向各位家长委员做《幼儿园近期工作报告》，让家长们详细了解幼儿园的教育理念及发展规划，并明确家委会的任务及主要职责。

1. **家长委员会主要职责**

（1）积极参与幼儿园民主管理，共同促进幼儿园保教质量提高。

（2）提高家庭教育水平和加强家长自身建设。

（3）配合幼儿园或班级组织的一系列活动。

（4）帮助协调家长、老师和幼儿园之间的关系。

2. **家委会具体任务**

（1）每学期都要定期听取幼儿园园长对幼儿园工作计划、总结、工作安排等事项的记叙。

（2）对幼儿园各项工作提出合理有效的建设性意见。

（3）听取家长们对幼儿园保育教育工作、卫生保健及幼儿伙食、幼儿园常规工作等方面的意见和要求，及时与园长联系沟通并交换意见。

（4）参加并支持帮助幼儿园的各项大型活动，如冬季趣味运动会、绘本剧表演等活动。

（5）为幼儿园发展献计献策并提供有利条件。

（6）参与帮助幼儿园搞好各种教育活动，如春游、"六一"外出活动、各种节日教育活动。

（7）协助班级老师做好家长工作，对老师布置的各项任务要积极响应并起模范带头作用。

（8）在班级微信群中多交流和分享家庭教育先进理念、育儿经验。

案例

春游

为了让孩子感受自然、亲近自然，开拓孩子的视野，增长知识，让孩子们在大自然的接触中感受人与自然和谐的重要，增进孩子环保意识，锻炼孩子自理能力和意志力。实验中学幼儿园在老师的倡议、各班家委会成员带动配合下，和孩子们一起来到了铁路花园，一起走进春意盎然的大自然，去感知春天、体验春天、拥抱春天、融入春天。

为了活动的顺利进行、确保孩子们的安全，让孩子们尽情探索大自然的奥秘，各班家委会成员和老师们进行了细致的准备和教研，进行了前期的踩点和安全预设。在各班家委会成员的配合下，各班有序地组织了游戏、探索活动和安全教育。

案例

家委会成员投票选取夏季园服

为了培养孩子们的集体观念，增强孩子的团队意识，减少孩子攀比的不良习惯。在幼儿园孩子们要穿款式、颜色统一的园服，会使孩子们自然地融入到集体中去，从而热爱所在的集体。家长是幼儿园工作的支持者和合作者，本次征订园服，我园将园服的选择权交给家委会成员，让家委会真正参与幼儿园的决策与管理。家委会成员经过细致地考察、选择及商讨，本着"公平、公正"的原则进行了厂家投标、家长投票选择样式、自愿征订园服数量等系列程序，购买了园服，得到了全体家长的认同。

四、家长工作的指导策略

引领家长的智慧教养,这是我们幼儿园的办园理念之一。同时《幼儿园教育指导纲要》明确指出:"家庭是幼儿园重要的合作伙伴。应本着尊重、平等、合作的原则,争取家长的理解、支持和主动参与并积极支持、帮助家长提高教育能力。"由此可见,要提高幼儿的素质,单靠幼儿园或是家庭任何一方都是难以实现的。只有重视教师与家长的交流沟通工作,让家长主动参与到幼儿的教育中来,才能有效地提高幼儿园保教工作的质量,促进幼儿身心全面发展。由此足以看出,家长工作在幼儿园教育中的重要性。

在实际工作中,幼儿园也采取了多种家长工作的方式,如召开家长会、填写家园联系册、进行随机访谈、半日开放、设置家园宣传园地等,总体看来,这些形式为家园共育搭建了经验交流与分享的平台,共同促进了幼儿全面和谐地发展。但我们也发现,无论是哪种沟通方式、哪种形式的活动,家长参与的态度和行为都不尽相同,有积极主动响应的,有无奈被动参加的,更有漠然处之的。

多年的工作经验,让我们切身感受到家长对幼儿园工作的支持和理解,可以使我们对工作充满信心,家长的支持和理解会让我们的各种活动更好地开展。针对不同的家长我们应实施不同的策略。

（一）支持积极参与家园共育的家长

能积极参与家园共育的家长，大都重视家庭教育和幼儿园教育，他们往往在孩子身上投入的精力较多，对孩子的期望也较高。他们关心孩子，愿意主动与教师沟通，了解孩子在园的生活、学习情况，反映孩子在家情况。

这部分家长是家园共育工作中比较理想的伙伴，教师要以友好的态度、足够的热情回应家长，及时对他们的意见给予回应。教师要积极向他们宣传先进的教育理念，除和他们就孩子问题进行交流外，还可谦虚、真诚地请他们为家园共育的工作出谋划策，使他们以独特的视角、不同的角色成为幼儿园可贵的教育资源，促进班级和幼儿园工作的进一步发展。

案例

幼儿园要开运动会，运动会设立了家长志愿者这个职位，每个班级根据需要选择志愿者人数，家长们都踊跃报名参加。一大早，家长志愿者就来到了幼儿园，帮助老师们把运动会的器材运到大操场上。

运动会上，我们调动了家长资源。家长踊跃报名参与到运动会的准备工作中，与老师单独近距离的接触。家长在与老师共同完成任务的过程中，他们把自己定位为与老师关系密切的人，通过活动，他们了解了老师的工作，增进了与老师之间的感情，增加了彼此之间的信任，与老师建立朋友式的关系，他们成为班级工作的积极拥护者。

（二）鼓励被动参与家园共育的家长

这部分家长教育孩子的心理和行为总是处于摇摆及矛盾之中，他们一方面非

第四部分 家园共育——家长

常关心孩子的成长和教育，充分认可幼儿园教育和家庭教育对孩子产生的深远影响，但另一方面，迫于工作和社会的压力他们又无暇顾及到家园共育工作。

案例

发挥家长榜样的带头作用

老师的号召和班级的榜样很重要。幼儿园大班开始幼小衔接，孩子们开始写名字、写数字，老师们开始关注孩子的坐姿和书写姿势，但在学校里老师能统一要求，回到家后孩子不执行，良好的书写姿势就很难形成。

针对这种情况，老师们利用微信群，让家长把孩子的坐姿和书写姿势发到群里，这样就及时地提醒了那些不"忘记"的家长，有了这样的氛围，家长参与的积极性就很高，这样的活动最终的受益者是孩子，这就达到了我们的工作目的。

（三）引领忽视家园共育的家长

对于忽视家园共育的家长，教师要主动伸出合作之手，拉家长一把，使他们加入到家园共育的队伍中来。教师在和他们沟通时，首先要有同情心，站在家长的角度考虑问题，不要只在发生了问题时才和家长沟通，以免引起家长的恐慌和反感，应利用接送等短小的时间片段，通过只言片语对孩子最近的微进步表示欣赏和肯定，让家长得到一些正面的积极的信息，树立家长的信心。教师的主动与真诚，定能将家长拉到我们身边，共同解决孩子的问题，共同教育好孩子。

因此作为老师，要通过家长会、亲子活动、半日开放等活动展示自己的优势，了解我们先进的教育理念。通过平时的工作生活不断给家长传授一些教育孩子的好方法，帮他们解决教育孩子中遇到的问题和困惑，让家长真正地信服、尊重教师，从而配合、支持、参与家园共育工作。

案例

安安是个男孩儿,现在上中班,他长得高高大大,看起来像大班的孩子。但安安在班里有些散漫,不受约束,我行我素,自理能力差,学习习惯也不好,是典型的"人来疯",如果有很多老师、领导来听课,他就更加来劲了,会发出怪声、做鬼脸。其实这和家长的教育方式有着极为密切的关系。经过了解,原来安安是爸妈的第二个孩子,是爸妈的手中宝,父母都宠着他。在一次开放日活动后,安安的妈妈感觉到了自己孩子与其他孩子的差距,所以万分焦急。可是安安妈妈跟老师交流时说的最多一句话就是:"这个孩子在家一点儿也不听话,现在把孩子交给老师了,你们多费心,一定要让安安把这些毛病纠正过来……"

解决策略

(1) 家长要多多学习,书籍、网络、身边的朋友都是学习的途径,跟随着孩子不断学习不断充实,做伴随孩子成长的家长,做有学识的家长,做孩子崇拜与信服的家长。

(2) 老师与家长及时沟通,从各个方面深入了解孩子的优缺点,有针对性地改进方法。给每位家长和教师单独交流的机会,班里孩子较多,虽然我们每天都和家长见面,但更多的时候只是"蜻蜓点水"的问候,这并不足以拉近我们彼此间的距离。只有"深交",给家长一个和你单独谈心交流的机会,这样才能更深入地了解家长心灵深处的真实想法、疑惑和需求。

(3) 当孩子有所改变时,一定要及时鼓励和肯定,提升孩子的自信心。

(4) 家长要对自己有清晰的认识,正所谓"自知者明"。同了解孩子一样,要知道自己的长处与不足,有的放矢。从改变自身开始,要用心,时刻将"教育孩子"的这根弦绷紧,才能让孩子健康成长。

(四) 及时解决合作教育中发生的冲突

在家园合作教育中,由于个人素质的不同,不同的家长对幼儿教育的理念不

一样，处理问题的方法也不一样。这需要教师正确对待，并及时化解矛盾，解决冲突。

案例

国峰是一个比较内敛的孩子，平时跟小朋友相处非常融洽，也有了自己的好朋友。但是有一天国峰奶奶跟我说一贺小朋友总是打国峰，他都不敢上幼儿园了，并且国峰奶奶到第二天早上自己跑到教室对着一贺大声斥责，看到这种情况以后，我及时制止并请她离开了教室。

我观察发现国峰特别喜欢跟一贺玩，每到活动分组时，他俩总是在一起。但是一贺在同伴交往中不能够正确地运用交往的手段，比如与小朋友交流时声音往往太高太急，还喜欢在一些带有粗鲁、冲撞行为的动作中取得游戏的快乐，由此引起误会，但他自己浑然不觉，表现得较独断、任性、无礼，这样很容易让其他小伙伴产生误解，以为是在打人。

到傍晚放学时，我跟国峰奶奶单独进行了交流，说明了情况，奶奶笑了，说孩子之间的事情应该自己解决，我们平时应该多教给他解决问题的方法。我也给一贺爸爸妈妈打了电话，交流了孩子在幼儿园的各种表现，既肯定了他们重视孩子智力发展这一方面，同时又提醒他们对孩子一些不好的行为习惯必须足够重视，只有这样孩子才真正健康成长！一贺的爸爸妈妈比较认同，同时也表示发现过儿子的一些不好行为表现，有时候也想给孩子立个规矩，但是因为是与老人住在一起，而家里老人太宠孩子，有时候家长之间也会因为教育孩子引起矛盾。为了不让老人生气，往往迁就了一些孩子的坏习惯。在听了我的详细讲述之后，他们表示回家要与老人好好沟通，慢慢转变老人的态度。

解决策略

（1）真诚地对待每一位孩子。这是做好家长工作最基本的前提，只有真心实意地对孩子，家长才会支持、理解教师的工作。

（2）加强教师与家长之间的沟通。教师应利用家长会，向家长宣传自己的教育理念和一些新的教育方法；利用家长接送孩子的机会主动与家长交谈，让家长知道孩子在园里有哪些突出表现；与家长一起制定共同的学习任务；向家长了

解孩子的在家表现、个性倾向等等。当然，任何一种方式都不是万能的，应当采取多种多样的方式沟通，重要的是要让家长产生信任和理解。

（3）广泛宣传。幼儿园应通过介绍国内外一些先进幼儿园管理的实际案例来作一些普及宣传，让家长了解当今幼儿管理的最新趋势，以使家长对幼儿园管理提出有价值的改进建议。可以通过幼儿园的公告栏、宣传小册子或是幼儿园的网站来发布信息和宣教。

（4）幼儿园管理对家长开放。幼儿园对各种管理公开化、透明化，让家长了解幼儿园的各项管理措施以及具体规划，是着眼于全局，而不是针对于某一个孩子，引导家长要有全局观念，不能总以自身为出发点来要求幼儿园对自己的孩子网开一面。

（5）协调好家长、孩子和老师之间的关系，尤其是老师与孩子、老师与家长、家长与自己的孩子、家长与其他孩子之间的关系，力所能及地为他们创造各种彼此了解的机会。

五、陪伴孩子成长

孩子的成长不应该是孤独的。树大自直已成为过去式。陪伴孩子是一种责任，也是我们作为家长幸福生活的一部分。更重要的是，在陪伴孩子的同时，我们也会有所提高，有所成长。

有效陪伴，让孩子更爱你

小夏是一名插班新生，他性格内向，从不和老师主动讲话，和小朋友之间的交流也很少。老师们为了帮助他尽快适应新环境，请班里的小朋友主动找他玩，但效果不佳……观察一段时间后，老师发现他的生活自理能力也非常弱。

为了找到原因对症下药，在和小夏家长联系好之后，我进行了一次家访。在与妈妈交流的过程中我了解了孩子在家的一些生活状况。由于爸妈平时忙于工作没时间照顾他，所以从小他就被寄养在爷爷奶奶家，没有养成良好的生活习惯和素养。最近才从老家接回了城里，妈妈想主动去亲近他，他总是会用很敌意的眼神看着妈妈。妈妈想有意地锻炼孩子的自理能力，换来的却是孩子任性地大哭一场……看到孩子的种种表现，妈妈很苦恼。

其实，正是因为孩子和父母之间没有建立好的"亲子关系"，才导致小夏习惯不良，行为乖张，性格孤僻，缺少情感交流。我想对于一个孩子来说，爷爷奶

奶再疼他，他也需要天天看到妈妈，在孩子的情感需求上，没有人可以取代妈妈。

每个班里都会有像小夏这种情况的孩子，所以我们老师在教研活动的时候对这种情况进行了讨论与交流，希望每个家庭都能建立良好的亲子关系，每个孩子都能享受童年的美好陪伴。我们通过家访、亲子活动、家长会等方式给家长介绍了一些有效陪伴的方法。

1. 抓住建立亲子关系的关键期

家长首先要清楚地认识到为人父母的责任：一是养育，二是教育。在教育和养育的过程中，除了要把孩子养活大，更重要的是互相了解、互相依赖、互相信任，建立良好的亲子关系。

（1）家长在意识上要时刻把孩子放在心上，时刻记得自己的责任和义务。家长无论多忙，不要把孩子轻易送回老家，要尽量想办法把孩子留在自己身边，最好天天能见到孩子，有实际困难，应该由家长去克服，不要让孩子来承担。

（2）父母双方要做好协调，制订计划，一定每天抽出一定时间（至少一小时）来陪孩子，哪怕是打电话聊聊天，也要让孩子感受到爸爸妈妈时刻惦记着他（她）。

（3）养成一个好习惯要21天，而改变一个不良习惯则需要几倍的时间，所以家长要有足够的耐心，持之以恒地陪伴孩子，只有陪伴他（她），才能发现孩子的弱点，只有陪伴他（她），才能有机会养成孩子的好习惯。

（4）因工作太忙而用物质弥补，是非常不科学的育儿方法。物质的基础要有，但精神的指引才是最重要的。现在的家庭教育中有一个很大的问题是，父母可以为孩子付出金钱，却不肯为孩子付出时间和心思，家长应该通过生活中的点点滴滴去了解孩子，去"读"孩子，去探索他们的内心世界，不要让孩子置身于精致的房间却成为精神上的"留守儿童"。

2. 家园携手配合

（1）家长与老师及时沟通，从各个方面深入了解孩子的优缺点，有针对性地商定改进方法，从点滴做起，切勿贪多。

（2）当孩子有改变的时候，一定要及时肯定与鼓励，以激励孩子的自信心，不要拔苗助长，要循序渐进，一点点慢慢改进。

（3）创造机会，锻炼孩子的人际交往能力，可带孩子去小伙伴家或邀请小伙伴来家里玩儿，多参与集体活动。

（4）家长要多多学习，跟孩子一道不断学习，不断充实，做伴随孩子成长的家长，做有学识的家长，做孩子崇拜与信服的家长。

（5）作为老师，还应该多关注问题孩子，多利用缝隙时间经常在心理上对他们进行疏导，找他们谈心，了解他们在生活中存在的困难，树立孩子参与各种活动及与小朋友交往的信心。

让孩子做力所能及的事

女儿诺诺在小手刚开始能驾驭精细的小动作时就对剥鸡蛋特别感兴趣。有一次，鸡蛋刚出锅她就非要不可，拗不过就给了她。她接过鸡蛋后，"哇"的一声被烫哭了，但她却不肯放手！看到孩子的这股执着劲，我决定陪伴她一起完成这件好玩的事情。首先我跟女儿说，等鸡蛋冷下来后，我们才可以动手剥皮，以免烫伤，因为诺诺刚刚被鸡蛋烫过，所以，她很愉快地答应了。接下来，她便用指甲去抠鸡蛋皮，完全没有剥的意思，所以鸡蛋被弄得七零八碎，蛋清、蛋黄、蛋皮混杂在一起。面对一片狼藉，我没有嫌弃她，而是又拿过一个鸡蛋，对她说："诺诺，妈妈跟你念着儿歌剥鸡蛋，好不好？"她一听要念儿歌，立即来了兴致。于是，我便顺口念道："小鸡蛋，圆又圆，手拿鸡蛋敲一敲，再放手心搓一搓，一点一点剥下来，白白肉儿露出来，'啊呜啊呜'吃得香。"就这样，在念儿歌的过程中，诺诺一遍就学会了剥鸡蛋的方法，看到完整的鸡蛋，她的小脸上挂满了成功的喜悦。孩子其实喜欢的就是剥鸡蛋皮的过程，这也是同龄孩子的共性，就是从这个过程中获取成功感。所以，我们应该给她这个机会，并通过巧妙的方式教给孩子方法。

后来我还为诺诺创造了机会，剥难度更高的鹌鹑蛋、小橘子、花生、瓜子等，在一次次难度提升中，诺诺的小手越来越灵活。

诺诺两周岁左右开始对剪刀有兴趣。剪刀虽然有一定的安全隐患，但我并没有

收起，而是为她准备了儿童专用的圆头剪刀，让她尽情地使用。刚开始，诺诺由于小手力量不够，往往是撕、剪并用，慢慢地小剪刀在诺诺手里变得听话起来，从开始的"宽纸条"到后来的"细面条"，再到"小面片"，纸片在她的剪刀之下越变越小……

有一次，诺诺兴奋地举着她剪的"白雪公主"给我看，哈！我发现她的剪刀开始向图画书"进攻"了。看来随着诺诺"功力"的不断提升，简单的白纸已经满足不了她的需求了，所以我和她进行"护书交流"后，就开始收集一些带图画的纸张、广告宣传纸等。她会将上面自己喜欢的元素剪下来，有规则的图形也难不住她了！那段时间我们家基本上每天都是满地的碎纸片。在这个过程中，首先，诺诺从无意识的乱剪一气到有意识的随心所欲，其次，操纵剪刀的速度也越来越快了。不仅增强了动手能力，而且还养成了安静做事的好习惯，真是"一举两得"。

所以说，让我们把机会还给孩子！孩子终会把惊喜还给我们！聪明的家长就是"等一等"看"惊喜"！经过平时生活中点点滴滴的放手，让孩子独立成长。我们要做一个慢半拍的家长，把动口、动脑、动手的机会留给孩子，慢慢地等待我们的"金子"发光、发亮！

缓解孩子的入园焦虑

九月是小班的宝贝从家里到幼儿园的过渡时期。入园第一天，我和宝贝们真是在门窗紧闭，一片哭闹中度过的。我们班的文泽是哭得最凶的一个，和妈妈一起到幼儿园还好，妈妈一走就不停地大哭。老师将他从妈妈怀里接过来到放进班里，他就开始哭得不可开交，连蹦带跳，敲门敲桌子，也不再让老师抱，自己在门后面趴在地上哭，无论老师说什么他也不听，等他慢慢冷静下来和他说话他才慢慢地走到我们身边，不过还是哭哭啼啼不断地问妈妈还来不来，妈妈什么时候来接，一整天三个老师都好好地哄着他，他哭哭啼啼地度过了一天，并一直絮絮叨叨，影响其他小朋友吃饭和休息。

第四部分 家园共育——家长

为了能让文泽尽快摆脱入园焦虑，我们也及时和她妈妈沟通了，通过沟通才知道文泽妈妈比孩子还要焦虑，一天在微信上能问许多遍，为了缓解他妈妈的焦虑，我还单独给她发了孩子在幼儿园表现进步的照片，妈妈还是不放心，又问另一个老师，第一天下来自己都想放弃，来问我以后孩子可不可以只上半天。这时我发现妈妈的焦虑已经影响到孩子了，她把宝贝的哭闹看得太严重，每晚我就要和文泽妈妈交流育儿问题，讨论如何缓解孩子和她的焦虑。

入园期间，对入园焦虑的孩子，家长可以多陪陪他们，与他们多一些身体接触和抚慰，但一定不要随便哄他们说："好好好，我们明天不上幼儿园。"应简单地说明："宝贝长大了，该上幼儿园了，就像爸爸妈妈上班一样。"然后就转移宝贝的注意力，对上幼儿园的问题不再讨论，也不深究。逐渐让宝贝认识到，爸爸妈妈的决心不是哭闹可以改变的。渐渐地，孩子愿意上幼儿园了，到后来，一吃完早饭，就说："我要上幼儿园。"

每个宝贝从家庭走进幼儿园，是人生的一大转折，我们需要和家长作好沟通，做到家园一致，在这个过程中，孩子适应了幼儿园生活，喜欢上了幼儿园的生活。只要我们摸准孩子的个性，积极配合，每个孩子都会爱上幼儿园的。

感受孩子成长的快乐

当今社会，很多家会长忽视了对孩子的陪伴，有的陪伴也是形式上的陪伴，孩子做事情，家长玩着手机、电脑游戏的陪伴。我们提倡有价值的陪伴，陪伴不是陪，而是参与其中，与孩子互动交流，这才是有价值的：

儿子是个活泼、开朗、自信、懂事的孩子。在陪伴儿子成长的过程中，我扮演了多种角色——妈妈、朋友、老师……之所以有这么多种角色的转换，是因为，对于孩子，我想做到有价值的陪伴。

在陪伴孩子的过程中，我觉得良好习惯及性格的培养是非常重要的。父母是孩子的第一任老师，作为妈妈的我很重视孩子的家庭教育。从孩子出生那天起，我就十分注重他良好习惯及性格的培养。我们家是个有快乐、热闹氛围的家庭，

经常有朋友来家做客，所有人有说有笑，不亦乐乎；我们也经常带儿子去朋友家玩耍游戏，大家其乐融融。儿子在这样的环境中长大，性格变得开朗，不怕生。记得儿子两岁半时上幼儿园，我也担心这个小家伙会不适应哭鼻子。一上午过去，儿子老师跟我说，人家根本不哭，适应得特别好，来到班里很快乐，主动抱着老师、拉着小朋友玩游戏，有哭鼻子的小朋友，他还会去主动哄人家。在幼儿园期间，这小家伙基本没哭过鼻子，还给大家带来了很多欢乐，大家都很喜欢他。

他喜欢给大家讲故事、上台表演节目，他能自信、大胆地展示自己，这都得益于他有一个良好的阅读习惯。他1岁左右，不会说话，也没有识字能力时，我就通过绘声绘色地讲故事，边看图画边讲故事等方式，让他适当地"看"一些童话书，对阅读感兴趣。慢慢地，2岁左右，我给他买一些没有文字、色彩鲜艳的图画书，挑选这类书籍可以引起他的好奇心和兴趣。

在陪伴孩子的过程中，我觉得陪孩子参加各种活动，得到多方面的锻炼是非常重要的。只要是孩子喜欢的，我都会努力陪他参加。我陪孩子走出去，亲近大自然。带他去农村的田野感受生活，认识多种植物、动物；陪他去公园，捉迷藏、做游戏，增进亲子感情；陪他远足旅游，欣赏祖国的名山大川，开阔孩子的视野。我陪孩子去参加他想参加的活动，像小主持人选拔、小记者采访、小跳蚤市场……通过这些活动，他收获了很多。当然我也收获着陪伴成长的快乐，当他像模像样地进行采访，对别人提出关键性的问题时，我感受到了孩子成长的快乐；当他略带紧张但勇敢地展示才艺时，我感受到了孩子成长的快乐；当他为了换得喜欢的书籍，和别人滔滔不绝地耐心进行交流时，我感受到了孩子成长的快乐。

家园配合，亲密无间

新小班入园的场景，相信大家一定都不陌生，哭闹声、叫嚣声、哽咽声，声声不断，不过也就持续了几天的时间。现在，大部分孩子早上来幼儿园都会

向老师高高兴兴地问好，也都渐渐地有了自己的小伙伴，不得不说，孩子们的适应能力真的很强大。

当然，每个班里总有几个"问题儿童"，身为班主任，就更要做好孩子和家长的工作，了解每个孩子的情况。我们班有一个恋物情节特别严重的小男生叫鑫鑫。还记得入园第一天，鑫鑫是带着一床小花被来幼儿园的，之前只见过孩子们带玩具带布偶，从没见过带小被子的。通过和他妈妈沟通才知道，鑫鑫是一个极度缺乏安全感的孩子，他一直把自己当作一个小婴儿，所以他特别喜欢小被子那种温暖柔软的感觉，就像小时候用被包裹着在妈妈怀里一样。鑫鑫对小被子的痴迷程度很严重，在幼儿园里除了户外活动、小便、洗手外，都会带着它，以至于到后来别的小朋友跟他开玩笑故意把他的小花被藏起来逗他，他都会大哭不止，直到别人把小花被还给他时，哭声才戛然而止。

开园已经两周了，鑫鑫还一直带着他的小花被来上幼儿园，这样下去可不是办法，再说被子一整天带着还很不卫生，可是又不能突然不让他带着来幼儿园，这样鑫鑫心理上肯定接受不了，所以我们老师和他妈妈一起想了一个办法：先用魔法把他的小花被变小，变得和小手绢一样大，适应一段时间以后再变小，变得和小纸巾一样大，最后小小的纸巾被要去找妈妈了，不能继续再陪在鑫鑫身边了，只要小鑫鑫听话，小花被就会在梦里回来见鑫鑫。小孩子总是天真的，前两次小花被被变小，鑫鑫并没有很大的情绪反应，但是最后小花被离开他去找妈妈了，鑫鑫嚎啕大哭了很久，后来知道小花被会来梦里见他时才安心。从那以后鑫鑫再也没有拿着他的小花被来幼儿园了。

在这件事情的处理上，鑫鑫的妈妈功不可没，从一开始的出谋划策，到后来一针一线地缝制小花被，到最后讲小被子找妈妈的故事，都是这个妈妈在背后默默地付出着，我们老师只是起了一个辅助的作用，通过这件事情越发觉得家园配合是如此的重要。

走进孩子的世界

每次我们上绘画课的时候，别的孩子都兴高采烈地拿起笔开始画，可从开学

到现在我发现班里的千千每次拿起笔时都犹犹豫豫地，经常别的孩子画完了她还没有开始，或是画出来的画在纸上特别小很不大气，我有针对性地鼓励了几次后，情况有些好转，但是有时让孩子们把自己画的画带回家时，她始终不愿意带回去。

每个月我们都会在周四的晚上去家访，这次我们决定去千千家。到千千家后千千妈妈说孩子从一放学就等着我去家访，非常兴奋，可我们进去后千千只在那低着头玩玩具，非常害羞。在跟千千父母聊天时说到孩子的画画，千千妈妈说："她可不会画画，每次画都画得不像，乱七八糟的不知道画的什么，她爸爸看到了每次都笑话她，她也不喜欢画，每次让她画她都不画，你看你们班别的孩子画得多好啊，再看看她画的，乱七八糟，她就不是这块料。"听到这我总算明白了千千在幼儿园不画画的原因，因为父母不知不觉中都把孩子的自信心打击没了，以至于孩子做什么事情都没了信心。后来我们又找千千妈妈谈了一次，千千妈妈终于意识到自己的错误，也很着急地想弥补，针对这件事我们给千千妈提出了几点建议。

（1）及时表扬孩子。有些事情孩子做对了，及时鼓励或者奖励（奖励也不可以太频繁）。有些事情孩子不会做，慢慢引导，做好后鼓励他再来一次。

（2）在家里设置"绘画专区"。开始时家长鼓励孩子并跟孩子一起画，互相说说画的什么，引导孩子大胆说、大胆画，家长要及时表扬画得好的地方，不用像或不像来评价孩子的画，把孩子说的话记录下来贴在画的旁边，以此鼓励孩子大胆画、大胆说。

（3）把孩子画的画粘贴在绘画专区，家里有客人来时要当着孩子的面跟客人介绍孩子的作品并肯定孩子的绘画能力。

（4）跟孩子一起选出孩子认为画的好的作品带到幼儿园，让老师在所有孩子面前展示，增强孩子自信心。

这几点建议实施一段时间后，千千在班里已经能大胆地拿起画笔作画了，有一次她画的画还被选为了班里集体画册的封面，而且性格方面也变得开朗、活泼了。